別 人 恐 懼 我 貪 婪

勇敢抄底！

肥羊的

槓桿養股術

翁建原◎著

contents **目錄**

誰在股市活得夠久
誰就是真英雄

　　2022 年又是紛紛擾擾的一年，但如果你不理睬 2022 年，你直接從 2021 年跳到 2023 年，你會發現手上的股票價格差不多。那麼在 2022 年，因為股票崩盤而慘賠出場的人，他們賣掉股票的做法，不就是個傻呆了嗎？這種人會因為炒股的賺賠，而影響到自己的心情，永遠賣在最低點，買在最高點，俗稱為「韭菜族」。他們沒有自己的主見，每天隨著新聞的浪潮拍打，時而被沖上岸，時而掉入海裡。「牆頭草，風吹兩面倒。」主力要他活，他不敢死；主力要他死，他不敢活。一切的死活，都掌握在主力的手裡，是股市中最可悲、隨便大家剝削的族群。

　　如果你在 2022 年，完全不管別人的譏嘲，堅定地抱著自

己的股票過活，或許你沒有錢買股票，但你絕對不願意賠錢賣股票。風吹不倒，雨打不垮，老婆罵也沒在理睬，你就是傳說中的「鐵齒族」。你不相信世俗的一切禁忌習俗，也不理睬任何人的看法，你頑強地拒絕承認自己的錯誤，「千山我獨行，不必相送。」以作為一個人而言，你的行為完全不合群，但作為一個炒股族而言，你的堅持是對的，你值得誇獎。

如果你不只是鐵齒而已，你還跟股市硬著對幹，別人賣，你就買，新聞說崩盤，你就做多。股票愈買愈多，愈賠愈慘，你則是愈來愈興奮，你就是「反骨族」。當所有家人都唾棄你的時候，你還跑去借錢炒股，完全不顧家人的苦苦哀求，執意玩把大的。「寧為一夜帝王，不做百世庸人。」作為一個社會人士，你徹底的不合格，但作為一個炒股族而言，你就是傳說中，百年難得一見的「習股奇才」。你不只是叛逆，你還非常的具有膽識，大開大闔，這就是真正的優秀啊！

我們將會在這本書裡面，介紹一個反骨族在耗盡家產買股票的情況下，如何跑去借 1,000 萬元，繼續炒股。所謂「別人恐懼，我貪婪；別人沒錢，我借錢。」炒股以成敗論英雄，

既然這位反骨族開槓桿炒股，事後賺了大錢，我們就應該尊敬他、研究他、膜拜他。股市沒什麼道理，要你漲就漲，要你跌就跌，誰管什麼基本面和線型。誰能在股市中賺到錢、誰能在股市活得夠久，誰就是真正的股市英雄。

如果這位反骨族，在還完 1,000 萬元後，聽到瑞士信貸（Credit Suisse）和美國矽谷銀行（Silicon Valley Bank）破產，又跑去借了 1,200 萬元來炒股，他肯定就是本肥羊。很多人認為，我是為了炒作新書的知名度，才去借錢炒股。我實實在在地告訴各位，這本書沒有 2,200 萬元的價值。如果你不會因為想賺 1 萬元的利息，完全無擔保的借別人 100 萬元，我也不可能為了賣一本書，而跑去借 2,200 萬元。本肥羊沒這麼蠢，或者該說，本肥羊就是這麼蠢，才會在崩盤時去借錢炒股。沒有任何聰明睿智的股市理論，只會愚蠢的往鱷魚河跳下去，這就是肥羊族啊！

我不想跟你談些高深莫測的學問，我只想簡單記錄一下我的思想邏輯供別人參考，特別是供翁家的子孫參考。我寫書的原因，就是為了方便 23 歲的兒子研究我的炒股技巧。書本內容簡單、樸實無華，任何一個放牛班的年輕人都能學會，比如說我兒子。

　　就連沒錢炒股的窮人，也能夠輕鬆學習，反正崩盤時沒錢炒股，就去借錢，有啥困難的嗎？怕你沒有膽識去做而已。我沒有什麼了不起的地方，只是在股市賺得比普通人多，活得比普通人久而已。跟我同輩分炒股的人中，有99%都是慘賠離開股市，活下來的人很少很少，我就是那剩下的1%。

　　不因一時的賺錢而高興，也不因一時的賠錢而悲傷，高興或是難過，這都是我自己的個人情緒，與股市沒有任何關係。炒股24年，很多事情都知道，就連新聞在說謊，都能夠看得清清楚楚，這沒有什麼了不起，單純是經驗累積而已。希望大家讀完書後，都能夠加入臉書（Facebook）社團「股市肥羊」，跟著本肥羊操作股票，順利賺到錢。我在「股市爆料同學會」也有帳戶，名字是「肥羊」，專攻富邦金（2881）、國泰金（2882）、中信金（2891）和元大金（2885）。

　　你或許看不懂高深的股票理論，但看懂別人的對帳單，總做得到吧！我盡量做到24小時內公布交易紀錄，這是為了讓你驗證我的操盤技巧，所有細節不再收取任何額外費用，只要買一本書就行了，完全做功德的良心事業啊！

最後提醒你，本人一身反骨，所以別試著去激怒我，否則你絕對會被封鎖。至於激怒的定義，由我決定。身為一個成年人，不至於連什麼話該講，什麼話不該講，都不知道吧？最後有一首〈虎尾春鹿〉送給大家，祝每個人都能夠炒股賺大錢！

　　股市如此多嬌，引無數英雄競折腰。
　　惜摩根花旗，略輸操盤；主力投信，稍遜分析。
　　一代天驕，虎尾幫，只識當沖隔日沖。
　　俱往矣，數風流人物，還看今朝。

股市肥羊
翁建原

股市肥羊交易全公開

股市肥羊的證券存摺1

5

證券名稱 Securities	摘要 Memo	提出數額 Withdrawal	存入數額 Deposit	結存 Balance
			980124	55
111 08 12 中信金	買　進		********24,000	*******800,000
111 11 07 中信金	餘額登摺			*******800,000
111 12 30 國泰金	劃撥配發		*********2,000	*********2,000
112 01 17 國泰金	餘額登摺			*********2,000
112 01 17 中信金	餘額登摺			*******800,000
112 04 10 國泰金	賣　出	*********2,000		**********0
112 04 12 中信金	餘額登摺			*******800,000

1 "Securities" unit is based on share for stocks and dollars for bonds.
2 "Buying " will be credited when securities company completes settlement.
3 "Securities deposit" will be credit when securities company completes delivery to TDCC.

股市肥羊的證券存摺2-1

980124 55

日期	公司	摘要	提出	存入	餘額
111 07 04	中信金	餘額登摺			********12,000
111 08 01	富邦金	買　進		**********5,000	*******157,000
111 08 01	國泰金	買　進		**********5,000	*******226,000
111 08 01	中信金	買　進		*********10,000	*******22,000
111 08 22	富邦金	買　進		**********2,000	*******159,000
111 08 22	國泰金	買　進		**********2,000	*******228,000
111 08 22	中信金	買　進		**********4,000	*******26,000
111 08 25	富邦金	買　進		**********3,000	*******162,000
111 08 25	國泰金	買　進		**********3,000	*******231,000
111 08 25	中信金	買　進		**********6,000	*******32,000
111 09 08	富邦金	買　進		**********3,000	*******165,000
111 09 27	富邦金	買　進		**********2,000	*******167,000
111 09 30	富邦金	擔保品轉	*********167,000		************0
111 09 30	國泰金	擔保品轉	*********231,000		************0
111 09 30	中信金	擔保品轉	*********32,000		************0
111 09 30	富邦金	買　進		*********110,000	*******110,000
111 09 30	國泰金	買　進		*********55,000	*******55,000
111 09 30	中信金	買　進		*********110,000	*******110,000
111 10 27	富邦金	賣　出	***********1,000		*******109,000
111 10 27	中信金	賣　出	***********2,000		*******108,000
111 10 31	富邦金	劃撥配發		**********8,250	*******117,250
111 11 01	中信金	賣　出	***********2,000		*******106,000
111 11 02	富邦金	賣　出	***********1,000		*******116,250
111 11 07	富邦金	餘額登摺			*******116,250
111 11 07	國泰金	餘額登摺			*******55,000
111 11 07	中信金	餘額登摺			*******106,000
111 11 08	富邦金	賣　出	***********1,000		*******115,250
111 11 08	中信金	賣　出	***********2,000		*******104,000
111 11 09	國泰金	賣　出	***********1,000		*******54,000

5

980124 99

111 11 11	富邦金	賣 出	‡‡‡‡‡‡‡‡‡‡‡3,000	‡‡‡‡‡‡‡‡112,250
111 11 11	國泰金	賣 出	‡‡‡‡‡‡‡‡‡‡‡3,000	‡‡‡‡‡‡‡‡51,000
111 11 11	中信金	賣 出	‡‡‡‡‡‡‡‡‡‡‡4,000	‡‡‡‡‡‡‡‡100,000
111 11 14	富邦金	賣 出	‡‡‡‡‡‡‡‡‡‡‡2,000	‡‡‡‡‡‡‡‡110,250
111 11 14	國泰金	賣 出	‡‡‡‡‡‡‡‡‡‡‡2,000	‡‡‡‡‡‡‡‡49,000
111 11 15	中信金	賣 出	‡‡‡‡‡‡‡‡‡‡‡4,000	‡‡‡‡‡‡‡‡96,000
111 11 17	富邦金	買 進	‡‡‡‡‡‡‡‡‡‡‡‡5,000	‡‡‡‡‡‡‡‡115,250
111 11 18	富邦金	賣 出	‡‡‡‡‡‡‡‡‡‡‡3,000	‡‡‡‡‡‡‡‡112,250
111 11 18	中信金	買 進	‡‡‡‡‡‡‡‡‡‡‡4,000	‡‡‡‡‡‡‡‡100,000
111 11 21	國泰金	賣 出	‡‡‡‡‡‡‡‡‡‡‡3,000	‡‡‡‡‡‡‡‡46,000
111 11 23	富邦金	賣 出	‡‡‡‡‡‡‡‡‡‡10,000	‡‡‡‡‡‡‡‡102,250
111 11 23	國泰金	賣 出	‡‡‡‡‡‡‡‡‡‡‡5,000	‡‡‡‡‡‡‡‡41,000
111 11 23	中信金	賣 出	‡‡‡‡‡‡‡‡‡‡20,000	‡‡‡‡‡‡‡‡80,000
111 11 25	富邦金	賣 出	‡‡‡‡‡‡‡‡‡‡‡5,000	‡‡‡‡‡‡‡‡97,250
111 11 29	富邦金	賣 出	‡‡‡‡‡‡‡‡‡‡‡5,000	‡‡‡‡‡‡‡‡92,250
111 11 29	國泰金	賣 出	‡‡‡‡‡‡‡‡‡‡10,000	‡‡‡‡‡‡‡‡31,000
111 11 29	國泰金	買 進	‡‡‡‡‡‡‡‡‡‡‡5,000	‡‡‡‡‡‡‡‡36,000
111 11 30	富邦金	賣 出	‡‡‡‡‡‡‡‡‡‡15,000	‡‡‡‡‡‡‡‡77,250
111 11 30	國泰金	賣 出	‡‡‡‡‡‡‡‡‡‡10,000	‡‡‡‡‡‡‡‡26,000
111 11 30	中信金	賣 出	‡‡‡‡‡‡‡‡‡‡30,000	‡‡‡‡‡‡‡‡50,000
111 12 01	國泰金	擔保品股轉	‡‡‡‡‡‡‡‡‡‡10,000	‡‡‡‡‡‡‡‡36,000
111 12 01	國泰金	擔保品股轉	‡‡‡‡‡‡‡‡‡‡‡4,000	‡‡‡‡‡‡‡‡40,000
111 12 01	中信金	擔保品股轉	‡‡‡‡‡‡‡‡‡‡10,000	‡‡‡‡‡‡‡‡60,000
111 12 01	中信金	擔保品股轉	‡‡‡‡‡‡‡‡‡‡20,000	‡‡‡‡‡‡‡‡80,000
111 12 01	富邦金	賣 出	‡‡‡‡‡‡‡‡‡‡40,000	‡‡‡‡‡‡‡‡37,250
111 12 01	國泰金	賣 出	‡‡‡‡‡‡‡‡‡‡40,000	‡‡‡‡‡‡‡‡‡‡0
111 12 01	中信金	賣 出	‡‡‡‡‡‡‡‡‡‡80,000	‡‡‡‡‡‡‡‡‡‡0
111 12 06	富邦金	買 進	‡‡‡‡‡‡‡‡‡‡‡5,000	‡‡‡‡‡‡‡‡42,250
111 12 12	富邦金	買 進	‡‡‡‡‡‡‡‡‡‡‡2,000	‡‡‡‡‡‡‡‡44,250

980124 98

日期	代號	摘要		提出	餘額
111 12 26	富邦金	買　進		*********1,000	********45,250
111 12 26	中信金	買　進		*********2,000	*********2,000
111 12 30	國泰金	劃撥配發		********17,711	********17,711
112 01 13	國泰金	買　進		*********1,000	********18,711
112 01 13	元大金	買　進		*********2,000	*********2,000
112 01 17	富邦金	餘額登摺			********45,250
112 01 17	國泰金	餘額登摺			********18,711
112 01 17	元大金	餘額登摺			*********2,000
112 01 17	中信金	餘額登摺			*********2,000
112 01 30	富邦金	擔保品撥轉		*******167,000	*******212,250
112 01 30	國泰金	擔保品撥轉		*******217,000	*******235,711
112 01 30	中信金	擔保品撥轉		*********2,000	*********4,000
112 01 30	元大金	買　進		*********4,000	*********6,000
112 02 01	富邦金	餘額登摺			*******212,250
112 02 01	國泰金	餘額登摺			*******235,711
112 02 01	元大金	餘額登摺			*********6,000
112 02 01	中信金	餘額登摺			*********4,000
112 02 09	元大金	買　進		*********4,000	********10,000
112 03 02	元大金	買　進		*********4,000	********14,000
112 03 16	富邦金	擔保品撥轉	*********212,000		**********250
112 03 16	國泰金	擔保品撥轉	*********235,000		**********711
112 03 16	富邦金	買　進		********50,000	********50,250
112 03 16	國泰金	買　進		********50,000	********50,711
112 03 16	元大金	買　進		********50,000	********84,000
112 03 16	中信金	買　進		*******290,000	*******284,000
112 03 17	中信金	擔保品撥轉	*********4,000		*******290,000
112 03 23	富邦金	賣　出	*********5,000		********45,250
112 03 23	國泰金	賣　出	*********5,000		********45,711
112 03 23	中信金	賣　出	********10,000		*******280,000

			980125 55	
112 03 28	中信金	賣　　出	＊＊＊＊＊＊＊＊＊10,000	＊＊＊＊＊＊＊＊270,000
112 04 07	國泰金	賣　　出	＊＊＊＊＊＊＊＊＊5,000	＊＊＊＊＊＊＊＊40,711
112 04 10	富邦金	賣　　出	＊＊＊＊＊＊＊＊＊5,000	＊＊＊＊＊＊＊＊40,250
112 04 10	國泰金	賣　　出	＊＊＊＊＊＊＊＊＊3,000	＊＊＊＊＊＊＊37,711
112 04 12	富邦金	餘額登摺		＊＊＊＊＊＊＊＊40,250
112 04 12	國泰金	餘額登摺		＊＊＊＊＊＊＊37,711
112 04 12	元大金	餘額登摺		＊＊＊＊＊＊＊＊64,000
112 04 12	中信金	餘額登摺		＊＊＊＊＊＊＊270,000
112 04 12	國泰金	賣　　出	＊＊＊＊＊＊＊＊＊5,000	＊＊＊＊＊＊＊32,711
112 04 12	中信金	賣　　出	＊＊＊＊＊＊＊＊＊10,000	＊＊＊＊＊＊＊260,000
112 04 13	富邦金	賣　　出	＊＊＊＊＊＊＊＊＊5,000	＊＊＊＊＊＊＊35,250
112 04 13	中信金	賣　　出	＊＊＊＊＊＊＊＊＊10,000	＊＊＊＊＊＊＊250,000
112 04 14	富邦金	賣　　出	＊＊＊＊＊＊＊＊＊10,000	＊＊＊＊＊＊＊25,250
112 04 14	國泰金	賣　　出	＊＊＊＊＊＊＊＊＊5,000	＊＊＊＊＊＊＊27,711
112 04 14	中信金	賣　　出	＊＊＊＊＊＊＊＊＊10,000	＊＊＊＊＊＊＊240,000
112 04 18	富邦金	餘額登摺		＊＊＊＊＊＊＊25,250
112 04 18	國泰金	餘額登摺		＊＊＊＊＊＊＊27,711
112 04 18	元大金	餘額登摺		＊＊＊＊＊＊＊64,000
112 04 18	中信金	餘額登摺		＊＊＊＊＊＊＊240,000

從選股、買進、賣出
掌握肥羊流派炒股術

　　每次提到炒股，就有人跟我說：「沒錢要怎麼炒股呢？我考不上醫學系，要怎麼賺大錢來炒股呢？」其實這問題的答案很簡單，跟銀行借，想賺多少，就去跟銀行借多少。銀行最喜歡借錢，讓大家炒股了。希望以後我不會再聽到這種「沒錢炒股該怎麼辦？」的蠢問題。

　　再次強調，只有在加權指數（即大盤）下跌超過 30% 的情況下，我才會鼓勵大家借錢炒股。如果加權指數沒有下跌超過 30%，甚至是上漲的情況下，我是不鼓勵大家借錢炒股的。

　　身為肥羊一族的領導者，我當然要身先士卒，示範如何

在大盤崩跌時，借錢炒股給大家看。我在 2022 年 9 月
30 日大盤下跌 30% 左右時，利用「股票質押（註 1）」，
跟元大證券借 1,000 萬元，到 2022 年 12 月 3 日還清
負債（2022 年 12 月 1 日賣掉借來的股票，隔 2 天錢才
入帳）為止，總獲利是 171 萬 4,000 元。我認為這利潤
還不錯，推廣給大家參考。

雖然我借錢炒股的時候，加權指數沒有下跌超過 30%，
但已經差不多了，加上當時金管會要進行資產重分類，時
機不等人，我沒有理由繼續等下去。但如果是一般人，我
還是建議，在加權指數下跌超過 30% 時再買進。

對窮人來說，在股市崩盤（即加權指數下跌超過 30%）
時借錢炒股其實是「很安全」的做法。每一次的崩盤，就
是股市在發年終獎金給大家花。大家要趕快進去搶錢，千
萬別落後了。如果你股票資產輸給本肥羊，你該檢討；如
果你沒有在崩盤時買進股票，你該檢討；如果你只是不停
地在替自己炒股賠錢找藉口，你更該檢討。希望大家不要

註1：股票質押是指用股票作為抵押，向銀行借錢的方法。如果借款人
　　　無法還款，銀行可以拿到股票作為償還。

成為那種，不知檢討自己，只會每天努力檢討別人，膽小
又愛哭夭的人。

　這裡要提醒一點，不是你加入臉書（Facebook）「股市
肥羊」社團，你就是肥羊一族的人。肥羊族不是一種思想，
而是一種行動，你不只要認同肥羊王的思考邏輯，你更該
按照肥羊王的指示去做。肥羊王要你賠錢，你就不應該賺
錢；肥羊王要你買股票，你就不應該賣股票。一個口令，
一個動作，不要問為什麼，這就是為什麼。

　以前有人問我：「為何輕易地把團員踢出社團呢？」因
為被踢掉的團員，他們又不是肥羊族的人，我也不搞訂閱
課程，踢掉他們，對我而言有何損失呢？光是照顧肥羊族
的人，我就已經很耗費力氣，哪有精神去照顧其他族的人
呢？我沒必要去理睬那群連書都不肯買，只會每天問些同
樣問題的人。因此我實話告訴各位：「只要是書上有答案
的問題，我是一律不予回答的。」

選股心法》5步驟篩出好標的

之後將進入本書的重點。我先介紹一下肥羊族挑選股票的

標準程序，這是肥羊族思考邏輯的最精華，請務必認真研讀。步驟共有 5 個：

步驟1》從元大台灣50中挑選成分股

我們借用元大投信的智慧，直接從元大台灣 50（0050）的成分股中挑選股票。善用他人的智慧，炒股才會輕鬆愉快。與其浪費時間挑股票，還不如多花點精神陪伴家人。生命就該浪費在值得浪費的人事物身上，而不是浪費在炒股上。別再問本肥羊的推薦清單裡面，為何沒有你持有的小公司？這都是元大投信挑的，去怪它！

0050 的 50 檔股票如下（註2）：

台積電（2330）、鴻海（2317）、聯發科（2454）、聯電（2303）、台達電（2308）、中華電（2412）、南亞（1303）、富邦金（2881）、中鋼（2002）、中信金（2891）、日月光投控（3711）、國泰金（2882）、兆豐金（2886）、台塑（1301）、統一（1216）、玉

註2：取自2022年3月0050的成分股。0050的成分股變動雖然不大，但仍會定期微幅調整。

山金（2884）、中租-KY（5871）、第一金（2892）、元大金（2885）、合庫金（5880）、聯詠（3034）、台泥（1101）、台化（1326）、大立光（3008）、廣達（2382）、華南金（2880）、國巨（2327）、開發金（2883）、和泰車（2207）、華碩（2357）、瑞昱（2379）、台新金（2887）、永豐金（2890）、亞德客-KY（1590）、華新（1605）、欣興（3037）、台灣大（3045）、上海商銀（5876）、矽力*-KY（6415）、長榮（2603）、統一超（2912）、研華（2395）、遠東新（1402）、陽明（2609）、遠傳（4904）、彰銀（2801）、台塑化（6505）、萬海（2615）、豐泰（9910）、南亞科（2408）。

步驟2》淘汰科技股、上市不到5年公司及KY股

　　找出0050的成分股之後，接著就是「淘汰電子股、高科技股、上市不到5年的公司股，以及KY股」，會留下：中華電、南亞、富邦金、中鋼、中信金、國泰金、兆豐金、台塑、統一、玉山金、第一金、元大金、合庫金、台泥、台化、華南金、開發金、和泰車、台新金、永豐金、台灣大、上海商銀、長榮、統一超、遠東新、陽明、遠傳、彰銀、台塑化、萬海、豐泰。

①電子股、高科技股

淘汰電子股和高科技股，是因為它們的獲利不穩定，看友達（2409）老是賺賺賠賠就知道，炒股應該是精密的計算，而不是每天賭公司的賺賠。

②上市不到 5 年的公司

淘汰上市不到 5 年的公司，是因為你無法預知這些公司的未來。肥羊流派從不參加新上市公司股票的抽籤，不懂的東西，從一開始就不應該碰。我只會參加自己熟悉的股票抽籤，像富邦金和國泰金的抽籤。不隨便抽籤，是肥羊族的堅持。

③ KY 股

淘汰 KY 股，是因為它們的公司有 7 成以上都開在中國，金管會根本無力審核，也根本就不應該在台灣上市。不是把財報審核的責任推給會計師事務所，就能當作沒事。

步驟3》淘汰基本面表現不佳的公司

利用步驟 2 淘汰掉風險較高的股票後，接著還必須淘汰「現金殖利率低於 5%、本益比高於 15 倍（註 3），以及 5 年內出現虧損或幾乎虧損的公司」，會留下：南亞、富

邦金、中信金、國泰金、台塑、元大金、開發金。

①現金殖利率低於 5%

淘汰現金殖利率低於 5% 的公司，是因為這種公司一旦股價崩潰後，難以靠現金股利回本。由於 2022 年股市大跌的關係，導致現金殖利率普遍都增加了，所以今年將條件修改為「現金殖利率低於 5%」，也許明年股市大漲，就又會修改回「現金殖利率低於 4%」了。肥羊流派的選股條件是變動的，太鬆的話就勒緊，太嚴的話就放寬，請務必注意。

現金殖利率太低的公司不好，這一點大家應該都知道。但現金殖利率太高的公司好不好，你可能就不太清楚。我的意見是，現金殖利率太高的公司，「不好」。肥羊族追求的是公司永續發展，而不是現金股利。共享共榮是肥羊族的信念，為了現金股利而殺雞取卵，絕對不是肥羊族的作為。

以陽明來講，2022 年和 2023 年都配發現金股利 20元，看起來是家配息非常穩定的公司，以 2023 年 2 月2 日收盤價 63.5 元來看，現金殖利率 31.5%（＝ 20 元

÷63.5元×100%）。像這種公司，肥羊族是絕對不會列入考慮的。為什麼呢？因為這家公司從 2009 年開始，就處於賠多賺少的狀況，直到 2020 年才開始出現大規模盈餘。景氣變化太過快速，公司瞬間大賺，會打亂我肥羊族的計畫，因此直接淘汰。

　　每次看到許多ETF標榜挑選出來的公司現金股利都很高，我看到都是笑笑。假設有一檔高股息 ETF，在 2022 年 6 月 13 日以收盤價 120.5 元買進陽明，持有期間收到現金股利 20 元，之後在 2022 年 11 月 28 日以收盤價 63.5 元將持股全部賣掉。這樣算下來，1 股陽明，等於賠 37 元（= 120.5 元－ 20 元－ 63.5 元，不計算交易成本）；1 張陽明，等於賠 3 萬 7,000 元（= 37 元× 每張 1,000 股）；若一次賣掉 12 萬 7,000 張，光是 1 檔陽明，5 個月就賠掉 46 億 9,900 萬元（= 3 萬 7,000 元×12 萬 7,000 張）。賺股利，賠價差，反正客戶的錢賠不完。如果你被這樣隨便亂搞一通，還覺得這家高股息 ETF 很好，那我也是很佩服你的智商啦！

註3：現金殖利率＝現金股利÷股價×100%；本益比＝股價÷每股盈餘（EPS）。

②本益比高於 15 倍

淘汰本益比高於 15 倍的公司,則是因為這家公司的股價不合理。如果以後這家公司股價大跌,你的資金會很難收回來,但如果股價沒大跌,就沒事。以和康生(1783)來講,2023 年 2 月 7 日收盤價 63.3 元,若以 2022 年前 3 季累計每股盈餘(EPS)1.25 元來算,本益比為 50.64 倍(= 63.3 元 ÷ 1.25 元)。像這種高本益比的公司,在炒作時股價會漲得很高,也就是俗稱的飆股;但等到這家公司股價下跌的時候,你就會知道自己是怎麼死的。所以本益比高於 15 倍的公司,也不列入考慮。

照理說,還得淘汰稅後盈餘下降超過 20% 的公司,但有一大堆金融股 2022 年稅後盈餘都下降超過 20%,要是按照這個標準,淘汰完後就沒有公司了。我常講,選股的條件是幫助你挑選股票,不是讓你淘汰股票。既然這個條件會淘汰太多股票,那我們直接忽視掉就好,裝瞎是肥羊族的最大智慧。

步驟4》加回遭受災難打擊的股票

利用步驟 2、步驟 3 淘汰掉不適合的股票之後,還必須「加回遭受災難打擊的股票」。但加回的股票必須符合下

面 3 個條件：

①公司遭受的災難必須是全面性的

比如説美國升息，導致公債價格大跌，造成銀行淨值大幅度減少。

②公司遭受的災難必須是可回復性的

也就是公司不會因為這一次的災難而垮掉。其實只要公司規模夠大，就不會垮掉，像富邦產險雖然因為防疫保單賠了 400 億元，但公司依舊健在，這樣就沒有關係。

③公司必須是有競爭力的

別人都沒什麼損失，就你投資的公司賠最多錢，那就不行了。

目前台灣的金融股中，有許多股票都符合災難選股的標準。不過，因為我們從一開始就已經放寬標準，所以這裡沒必要再特地放寬。

記住一件事情，我們是挑選小災難，而不是大災難。永遠不要挑一家經營有問題的公司來長期投資。

步驟5》針對本益比與稅後盈餘比較剩餘股票

利用上述 4 個步驟挑出股票以後，本肥羊會再利用「本益比」和「稅後盈餘」來做比較：

①本益比

本益比愈低，評價就愈高（詳見表 1）。

②稅後盈餘

公司的稅後盈餘比去年增加，視為「＋」；公司的稅後盈餘比去年減少，視為「－」。

2022 年，由於美國聯準會（Fed）惡搞升息，再加上金管會惡搞防疫險，所有的金控股獲利普遍下滑。但這沒有關係，既然是所有金控股都受到影響，就等於所有金控股都沒有受到影響。

災難造成財報受損，我們就自己把財報調整回去，全部的金控股進階 1 級，A 變成 S；受災最嚴重的國泰金和富邦金，進階變成 SS。因此，將步驟 4 留下的股票進行評價以後，目前（2023 年 3 月）看來，富邦金和國泰金的評價最高，達 SS －（詳見表 2）。

本益比愈低，股票評價愈高
表1 肥羊流派股票本益比的評價分類

本益比（倍）	評價	建議投入資金比率（％）
08.00以下	SSS	100
08.01～10.00	SS	50
10.01～12.00	S	30
12.01～15.00	A	10
15.01以上	無	先觀望，暫時不投入資金

註：「建議」一欄中的資金計算，是指「1檔」股票的投入金額比率。如果小蝶買了1檔評價SS的股票、1檔評價S的股票，建議投入資金比率就是80％（＝50％＋30％）。本流派不鼓勵借錢投資，如果你一定要借錢投資股票，建議至少要等大盤下跌超過30％，再借錢投資。記住，借錢炒股是一種短線投機的技巧，永遠不要借錢來做長期投資，把短線投機當成長期投資來搞，實在是太危險了

　　災難選股是我肥羊流派最堅持的一點，災難愈大，愈是需要買進。其他的長期投資派，多半只看本益比和現金殖利率，聽到金融股可能配不出現金股利，統統都縮了，只有肥羊族繼續勇敢買進。

　　肥羊流派雖然是長期投資派的一個支派，但本質上還是有點差異，本流派比較重視買買賣賣的操盤技巧，必要時甚至會借錢炒股（但要等大盤下跌超過 30％），性格上偏

向獨斷獨行，完全不管別人說啥。簡單的講，肥羊流派就是「反股市」、「反趨勢」、「反人性」的逆勢操盤。想得罪家人，被所有親友圍剿嗎？加入肥羊流派就對了！

表 2 的「可購買價格」，為本肥羊認為買下去，20 年後不會賠錢的價格。如果你在 2023 年用 70 元買了富邦金後，2024 年賠錢純屬正常現象，不用擔心，請耐心等候至 2043 年，就會賺錢了。如果中信金股價上漲至 24 元，因為低於可購買價格 26 元，就是可以購買。中信金不只 24 元可以購買，23 元或者 25 元也都可以購買。只要在 26 元以下，統統都可以購買，但是買了會賠錢。請不要再問幼稚園的數學問題了，謝謝合作。

買進策略》每月定期定額買一次

上面講的都是理論，我們再來談談實際操作，這裡是以虛擬人物──小蝶為例。不用我自己當例子，是因為我成本太低，當然怎麼操作都會賺錢。

小蝶不只炒股會賺錢而已，她如果成本低於市價太多，還會自己將一部分獲利打入盈餘，刻意拉高成本，盡可能

表2 富邦金和國泰金表現最好，評價為SS－
肥羊流派股票本益比＋稅後盈餘的評價分類

股票（股號）	評價	可購買價格（元）	建議投入資金比率（%）
富邦金（2881）	SS－	70以內	50
國泰金（2882）	SS－	50以內	50
中信金（2891）	S－	26以內	30
元大金（2885）	S－	26以內	30
開發金（2883）	S－	15以內	30
南　亞（1303）	S－	80以內	30
台　塑（1301）	A－	100以內	10

註：1.評價分類方式同表1；2.「評價」一欄中的「－」表示公司的稅後盈餘比去年減少

貼近散戶的實際成本。不過小蝶已經在第 4 本書《打敗疫情：1 年賺 1400 萬的肥羊養股術》裡賣出所有持股，算是順利閃過股災，因此在這本書裡面，我們將會介紹定期定額的買進方式。

假設從 2022 年 1 月開始，小蝶每月以收盤價買進富邦金 4 張，時間是每月 1 號，遇假日買進時間就往後順延。

肥羊族不搞啥日日扣款的玩意，要買就一次買，日日扣浪費時間。為求簡化數字，以下計算一律不包含手續費、證交稅、二代健保補充保費和所得稅。

從表 3 的資訊來看，截至 2022 年 12 月 1 日，小蝶的累計花費為 310 萬 5,200 元，領取現金股利 9 萬 8,000 元，總花費為 300 萬 7,200 元（＝ 310 萬 5,200 元－ 9 萬 8,000 元）。合計買進富邦金 48 張，領取股票股利 1.8 張，總計為 49.8 張（＝ 48 張＋ 1.8 張）。算下來每股股票成本為 60.39 元（＝ 300 萬 7,200 元 ÷49.8 張 ÷ 每張 1,000 股）。以 2023 年 2 月 6 日的富邦金收盤價 59.4 元計算，小蝶每股賠 0.99 元（＝ 59.4 元－ 60.39 元），總損失為 4 萬 9,302 元（＝ -0.99 元 ×49.8 張 × 每張 1,000 股）。

所以，我常常跟人家說，買股票是會賠錢的，小蝶按照肥羊的建議炒股票，結果就是賠錢。如果你每一次炒股票都想賺錢，麻煩去追蹤其他的財經網紅，那些人都是事後看盤，拿不出對帳單，炒股穩賺不賠。買虎爛大師的訂閱課程，跟詐騙集團學炒股，就對了。肥羊流派不歡迎「賠不起」的粉絲，這種只能賺不能賠的散戶，我一律都是轉

表3 ## 配股後，持有的富邦金股票多出1.8張
定期定額買富邦金（2881）的交易成本

時間	股價 （元）	買／賣張數 （張）	花費／收回金額 （元）
2022.01.03	75.3	買進4	花費30萬1,200
2022.02.07	77.1	買進4	花費30萬8,400
2022.03.01	76.2	買進4	花費30萬4,800
2022.04.01	77.1	買進4	花費30萬8,400
2022.05.03	73.7	買進4	花費29萬4,800
2022.06.01	63.6	買進4	花費25萬4,400
2022.07.01	58.3	買進4	花費23萬3,200
2022.07.27	除息日，共有富邦金28張，富邦金配發現金股利3.5元，可獲得現金股利9萬8,000元（＝3.5元×28張×每張1,000股）		
2022.08.01	56.6	買進4	花費22萬6,400
2022.09.01	57.1	買進4	花費22萬8,400
2022.09.22	除權日，共有富邦金36張，富邦金配發股票股利0.5元，可獲得股票1,800股（＝0.5元×36張×每張1,000股÷面額10元），即1.8張		
2022.10.03	48.9	買進4	花費19萬5,600
2022.11.01	52.0	買進4	花費20萬8,000
2022.12.01	60.4	買進4	花費24萬1,600

介給詐騙集團。

　　有些人會希望小蝶能夠按照肥羊派波浪理論來買賣：「股價每上漲 5%，賣出 5% 股票數量；股票每下跌 5%，買進 5% 股票數量。」這裡要強調肥羊派波浪理論的買賣，只有在市價高於成本價時，才能夠進行買賣。小蝶的成本明顯高於市價，這是不能按照波浪理論來買賣的。

　　至於虧損理論：「凡是成本價虧損超過 10%，每個月額外購買 10% 股票數量。」由於小蝶 2022 年還在定期定額購買階段，成本還沒有打出來，自然也無所謂加碼問題。以小蝶最後的成本 60.39 元計算，必須要等富邦金變成 54.35 元（＝ 60.39 元 ×（1 － 10%）），才需要按照虧損理論購買。考量 2023 年至今，富邦金還沒有出現過 54.35 元的價格，自然也無法使用虧損理論。

　　這裡要提到的是，如果小蝶在 2022 年 9 月 30 日跟隨肥羊，用股票質押借錢，以每張 49.75 元的價格買進富邦金 15 張，共花費 74 萬 6,300 元（＝ 49.75 元 ×15 張 × 每張 1,000 股，四捨五入至百元），她是可以在 2022 年 12 月 1 日，以 60.6 元的價格將借錢買來的 15 張富

邦金全數賣掉，共賺 16 萬 2,800 元（＝（60.6 元－49.75 元）×15 張×每張 1,000 股，四捨五入至百元）。

不只是因為 60.6 元比小蝶原本的買進成本 60.39 元高而已，就算比小蝶原本的買進成本低，也是可以賣的。因為借錢炒股使用的是短線投機的理論，也就是「賣價比買價高，就能賣。」60.6 元的賣價，很明顯比 49.75 元的買價高，當然可以賣啊！這就是借錢炒股，這就是短線投機，這就是價差交易。

短線投機和長期投資使用的理論不同，請務必分清楚，別搞混了。我肥羊流派同時精通長線和短線，是炒股實戰派，而不是出張嘴畫虎爛的理論派。

賣出時機》公司連續虧損2年才賣股

如果說你真的看富邦金很不爽，你真的想賣股票，你至少要等新聞爆發 3 個月後才能賣。比如說，富邦產險虧損400 億元，這是 2023 年 1 月 11 日的新聞，從你想賣股票開始，到實際賣股票為止，必須思考 3 個月以上，也就是 2023 年 4 月 11 日之後才能賣股票。這是為了避免你

在情緒激動的情況下，做出錯誤的決定。考量到所有的保險業都蒙受巨大的損失，大家都賠錢，就意味著富邦產險沒賠錢。你想賣富邦金的決定，並不正確，這單純是你個人情緒上的問題，該掛精神科了。

災難來臨時，不應該逃避，而是要勇敢迎接災難來臨，勇敢跳進鱷魚河。這是肥羊流派的最基本，站著讓敵人砍一刀，做不到，意味著你沒資格當肥羊族，你該滾了。

永遠記住一件事情，你是因為「自己判斷」這家公司爛，才賣股票。絕對不是因為「別人說」這家公司爛，才賣股票。你不聽股市名師的意見，自然也不會參考新聞的評論，這些人的想法全部都是垃圾。炒股者必須堅持自己的看法，即使自己的看法是「錯的」。永遠不要急著去採取「正確」的行動，你的「正確」，將會是你最大的「錯誤」。肥羊族就是如此的與眾不同，所以無法被世俗所接納。別人瞧不起我們，沒關係，我們比他有錢就好了，鈔票會教育這群窮人。何謂「絕對的正義」？資本主義不論輩分，一切向錢看。

只要是賺錢的大公司，就有長期投資的價值。爛公司其

實是好公司，大規模衰退的公司，也會是大規模成長的公司。像 2022 年大崩盤，我就選在 2022 年借錢炒股，賺了 171 萬 4,000 元，海撈一筆。

萬物相生相剋，光明與黑暗，缺一不可。別人不賣股票，你就買不到便宜的股票；別人不因為賠錢而哀號，你就無法因為賺錢而歡呼。你的一切財富，都是來自於別人的負債，你要如何獲得別人的認同？不可能嘛！不用跟任何人講道理，一切用鈔票證明，鈔票就是硬道理。

本肥羊不鼓勵大家隨便亂賣股票，你亂賣股票，可能就被別人撿走，再也買不回來了。一定要「證明」這家公司真的很爛，連續虧損 2 年，才可以賣。當然，如果你真的想賣，本肥羊也是不會去阻止你的。因為我正等著撿你亂賣的股票，你不恐慌，我沒辦法發財啊！

所謂的「災難選股」，其實就是從爛公司中挑出好公司。當然太爛的公司，我們也是不要的。這世上有很多的公司，被別人當成「大便」般拋棄，而肥羊流派的做法則是，把別人丟棄的「大便」，撿回家當成「寶物」來供奉，因此肥羊流派很容易遭到別人批評。只有把「大便」當成「寶物」

來看待，才是真正的「人棄我取」，還會在意別人的譏笑，就證明你不是真正的肥羊子弟兵。

我們肥羊流派所有的評價都是以「年」為單位計算。舉先前評價 SS －的富邦金為例：2022 年富邦金的表現，夠資格稱為 SS －嗎？富邦產險虧損 400 億元，這是很嚴重的打擊喔！2022 年富邦金 EPS 只剩 3.54 元，2023 年 2 月 6 日的收盤價為 59.4 元，本益比 16.78 倍（＝59.4 元 ÷3.54 元），這水準連 A 都不到，只能算是 B。這樣會影響到富邦金 SS －的評價嗎？正確答案是「不會」。

2023 年的富邦金評價永遠都會是 SS －，無論是爆發海峽戰爭，還是富邦金倒閉，2023 年富邦金的評價永遠都是 SS －，要到 2024 年才可能修改。肥羊流派的單位計算為「年」，一旦評價後，無論任何外力發生，都「不可能」更改評價。

你開始對本肥羊的評價標準感到精神錯亂嗎？這是你的問題，不是我的問題。我是炒股的，不是搞會計的。帳精不精準，我無所謂；標準是不是被偷偷修改，我不在乎。我在乎的是炒股能不能賺錢，懂嗎？炒股不是門科學，而

是門藝術，腦袋給我活起來用。如果你的腦袋不夠靈活，乖乖聽我的話就對了，不要一堆意見。

　　再說，今天改標準的，只有我一個人嗎？台灣的壽險業，經過資產重分類後，總資產增加了數千億元，你要說是灌水也行，說是做假帳也可以，反正這是金管會批准的決策，一切合法。套用我常說的一句話：「如果大家都做假帳，就等於大家都做真帳。」只要金管會沒意見，事情就是這麼定了，這就是合法的假帳。在變動的年代中，一切都在變動啊！

　　本肥羊不鼓勵大家隨便亂賣股票，一定要「證明」這家公司真的很爛，連續虧損 2 年，才可以賣。炒股者最常犯的毛病就是，採取的行動太多了，多到既繁瑣，又沒效率。那還不如乾脆別採取任何行動，回家躺著睡覺。這也是我很反對短線投機的原因，每天交易來交易去，我就不相信，你的每一筆交易決策都正確。如果你真的有那麼神，每一筆短線交易決策都是正確的，那為何你家裡沒有錢呢？蘇格拉底可以用哲學征服全世界，唯獨他老婆不甩他。看看你家人的眼神，你真的以為他們會相信你的畫虎爛嗎？想騙誰啊！

存股原則》善用現金股利再投資

　　目前我的炒股事業，已經交由我兒子接手，他崇尚的是定期定額買進股票，不賣股票，只用領到的現金股利繼續投資。以現金股利 200 萬元來說，就是 200 萬元繼續投資股票。拿股票的現金股利來炒股票，生活就是如此輕鬆愉快。等我退休之後，就是將一半的現金股利拿來炒作股票，另一半的現金股利作為生活開銷。以現金股利 200 萬元來說，就是 100 萬元繼續投資股票，另外的 100 萬元拿來當作生活開銷，用現金股利照顧我的退休生活。

　　常常聽到有些人抱怨，他不小心把手中的股票給賣了，現在想要買回來，該怎麼辦呢？這個問題，其實我也有。我先前有 1,335 張的中信金，賣掉了 331 張，現在只剩下 1,004 張（＝ 1,335 張－ 331 張，註 4）。但我還是需要中信金，因此我得把 331 張以上的中信金買回來。可是，如果我現在買中信金，將會大規模提高成本，而且以前的賣價比現在的買價低，若我買中信金回來，就等於幹了賠錢的蠢事。

　　我的解決方法很簡單，用中信金的現金股利，把中信金

買回來。假設中信金的現金股利 1 元，1,004 張就是 100
萬 4,000 元（＝ 1 元 ×1,004 張 × 每張 1,000 股），
我以中信金 2023 年 5 月 9 日的收盤價 23.3 元計算，
我每年可以買 43 張（＝ 100 萬 4,000 元 ÷23.3 元
÷1,000 股，小數點後無條件捨去），大約 8 年就能買
回來原本的張數（＝ 331 張 ÷43 張，小數點後無條件進
位）。我現在還不到 50 歲，撐個 8 年肯定沒問題，如果
遇到崩盤，搞不好還可以更快達成目標。

　現金股利這種東西，原本就是公司贈與我們的，那不是
我們的錢，自然也就沒有所謂的成本問題。零成本的東西，
不管怎麼買賣都是零成本，很適合用來買回以前賤賣的股
票。但如果我把中信金賣光了，就沒有中信金的現金股利
來買回中信金，雖然也是可以用富邦金的現金股利來買回
中信金，但是在帳面的計算上，就會變得比較繁瑣。如果
你賣到連富邦金都沒有，手上的股票也都沒有任何現金股
利，那你就無法用現金股利來買回股票。這時候你就要勇

註4：自序中張貼的股票存摺只統計到2023年4月18日，此處是以
　　　2023年5月9日為基準，由於校稿需要花費一段時間，故在計算
　　　上會有些落差，敬請見諒。

敢的認錯，掏出老本買股票吧！因此，永遠不要隨便賣光股票，除非這家公司很爛，否則當股票價格上漲時，你會痛到捶心肝。

我炒股時，都盡量保留一大部分的股票不賣，只處分一些股票而已。這樣做的好處有二：

1. 股票賣掉後，獲利打入成本，剩餘股票的成本會降低。只要我的成本比別人低，我就贏定了。人都是不樂意賠錢的，沒有人會願意賠錢賣股票，既然多數人不願意賣，股票價格就不會繼續往下跌。也就是說，只要你的成本比多數人還低，你就是穩賺的。能夠打壓中信金股價的人，永遠都是中信金的股東，至於那群每天唱衰股票的人，他們根本沒能力打壓股票，只是出來丟人現眼而已。

2. 如果股價繼續上漲，反正我手上還持有很多股票，我一樣賺啊！就算哪天我決定回補過去賣掉的股票，反正我有現金股利，用中信金的錢買中信金，根本就是零成本！我又何必在乎自己的中信金是買太高或是買太低呢？全部都是利潤啊！差在賺多賺少而已。這是漲跌通壓的手法，利用簡單的數學計算來賺到錢。

　　有人會質疑，肥羊這種炒股手法，和市面上常講的零成本炒股手法，差在哪裡？差在我們的成本不是零啊！我們的成本只是比多數人低而已，但不是零。市面上的零成本炒股手法，為了將成本降至零，賣掉太多股票。雖然他們不會因為股票價格下跌而賠錢，但也不會因為股票價格上漲而賺到太多錢，因為股票張數太少。而我們持有的股票張數很多，所以我們能夠因為股票價格上漲而賺到很多錢。

　　以「中信金 25 元時，投入本金 500 萬元，買進 200 張，30 元賣出部分股票」為例（不計算交易成本），看看市面上的零成本炒股法和肥羊流派波浪理論的觀點有何差異：

◎市面上的零成本炒股法

　　零成本炒股法為了把成本降到零，需要收回本金 500 萬元（＝ 25 元 ×200 張 × 每張 1,000 股），也就是賣掉 167 張（＝ 500 萬元 ÷30 元 ÷ 每張 1,000 股，四捨五入至整數），剩下 33 張股票（＝ 200 張－ 167 張）。這樣可以保證，就算中信金倒閉，炒股照樣賺錢。但假設中信金股價上漲到 40 元，雖然他們每股賺 15 元，每張賺 1 萬 5,000 元，但他們只剩下 33 張，只能賺到 49 萬 5,000 元（＝ 15 元 ×33 張 × 每張 1,000 股）。

◎肥羊流派波浪理論

但如果是依照肥羊流派的波浪理論觀點,「股價每上漲 5%,賣出 5% 股票數量;股票每下跌 5%,買進 5% 股票數量。」從 25 元到 30 元,是上漲 5 元,也就是上漲 20%(= 5 元 ÷25 元 ×100%),所以是賣掉 20% 的股票。因此,我們只需要在 30 元時賣掉 40 張股票(= 200 張 ×20%),收回 120 萬元(= 30 元 ×40 張 × 每張 1,000 股),這樣成本就只剩下 380 萬元(= 500 萬元－ 120 萬元)。

考慮到我們還持有 160 張股票(= 200 張－ 40 張),成本剩下 23.75 元(= 380 萬元 ÷160 張 ÷ 每張 1,000 股),扣掉現金股利 1.25 元,成本就是 22.5 元(= 23.75 元－ 1.25 元)。對照一下中信金 2022 年 10 月 3 日的價格 19.7 元,我們是出現虧損,但看看 2023 年 2 月 1 日的收盤價 22.75 元,我們就是賺的。如果有一天中信金股價漲到 40 元,每股賺 15 元,每張賺 1 萬 5,000 元,160 張就能賺 240 萬元(= 15 元 ×160 張 × 每張 1,000 股)。

將 2 種方法拿來做比較,當中信金股價漲到 40 元時,

市面上的零成本炒股法，只賺了 49 萬 5,000 元，但若是使用肥羊流派波浪理論，卻賺了 240 萬元，我們的利潤幾乎是零成本炒股法的 5 倍。

　　炒股是為了賺大錢，如果你只是為了賺便當錢而炒股，建議你就別浪費時間研究股票了。大資本、大利潤、重壓股票，成就你的財富人生。

　　從以上的算式可以看出來，使用肥羊流派的波浪理論，雖然會在崩盤時承受損失，但崩盤之後，就會賺回來。若是在股票大漲的時候，我們會賺很多錢。成本比別人低，賺得又比別人多，炒股想要不發財，都很困難啦！

　　但肥羊流派也有個很大的缺點，需要很多時間，也許 3 年，也許 5 年，我們就抓 20 年。如果你沒有 20 年的耐心炒股，建議你趁早離開肥羊族，免得被肥羊折磨，還把你的事蹟貼在網路上，當成笑話看待，這樣對你而言，也是種痛苦啊！非我族類，其心必異，永遠別以為肥羊對待敵人會多麼仁慈，我手段很殘酷的。

　　由上面的敘述可以看出來，肥羊流派買股票就是想要「賣

掉」，只是因為炒作時間很久，所以看起來很像長期投資派。但真正的長期投資派，是只買不賣，每年坐領現金股利，不搞任何買賣操作。在「賣股票」的見解上，雙方有著決定性的差異；在「借錢炒股」上，雙方更是分裂得很嚴重。這注定了肥羊流派和長期投資派，日後必定會出現許多觀念上的差距，甚至衝突。

就如同回教徒和基督教徒，雖然《可蘭經》和《聖經》有許多觀念都一樣，兩者早期也都混在一起，甚至有許多歷史學家都認為，回教徒常說的真主阿拉，就是基督教口中的耶和華，2 個宗教其實是膜拜同一個神明，阿拉＝耶和華。但回教徒和基督教徒，雙方最後勢必因為觀念上的差異，而成為敵人。從最近長期投資派對本肥羊的意見愈來愈多，就可以知道，雙方分道揚鑣之日不遠了。

世事難預料
投資規畫務必保持彈性

　　山羊族、肥羊族、水羊族和蕃羊族發起「四羊同盟約定」，共同討伐北方狼族後，肥羊王正式宣布退位，改由小羊王繼位，自己則退居幕後，觀察小羊王和群臣的動態，史稱「垂簾聽政」。有鑑於天無二日，國無二君，肥羊王改名為「日照大權現」，但外國使節依舊習慣叫肥羊王。

　　在經過 1 年的仔細規畫後，小羊王和日照大權現，開始向北方狼族發起全面進攻，負責防禦的蒼狼王，築起了一道又一道的防線。當防線快被攻破時，狼族就放火焚燒防線斷後，然後撤退到下一道防線。渴求決戰的肥羊族，只能面對著一道又一道永無止境的防線，卻絲毫砥不到狼族的主力部隊，後勤補給線還不斷遭到狼族游擊隊的騷擾。

直到北伐第 8 個月，肥羊族開始能看到北方狼都，於是召開軍事會議，準備最後的一擊。

大司農：「我反對繼續打仗，我們應該全面撤退。目前所有的壯丁都在前線當兵，後方的農田都是由母羊來開墾，但很多田裡的粗活，母羊是沒辦法做的。目前我肥羊族的農田，有 40% 都是荒蕪的狀態，田裡雜草橫生。肥羊一族總數不過 100 萬隻，竟然有 30 萬隻公羊在當兵，扣掉老的、小的和傷殘的，幾乎是全部的公羊都在當兵，這實在是太瘋狂了。」

小羊王：「大司農，我明白你的顧慮。但北方狼都就在眼前，等打下北方狼都之後，我們就停止進攻，轉為防守，到時至少可以讓一半的士兵回家耕田。大鴻臚，交代你的事情，辦得怎樣？」

大鴻臚：「已經和水羊王達成協議，對方願意無條件提供百萬噸糧食。目前也和山羊王洽談購買軍糧之事，但價格上有點談不攏，目前山羊使者正在外面，需要傳喚牠嗎？」

小羊王：「不用，反正我們有水羊族提供的糧食，不用浪費錢去購買山羊族的黑心糧草。」

大司馬：「為求慎重，我已經派遣 1 萬名士兵護送水羊

族的百萬噸糧食，保證萬無一失。」

　　一名傳令兵急急忙忙地跑進來，報告蒼狼王親率大軍，奪取了水羊族的百萬噸糧食，1 萬名肥羊族士兵全數被殺。小羊王和 3 大重臣（大鴻臚、大司馬、大司農）震驚之餘，只能傳喚山羊使者晉見。

　　小羊王：「價格就照山羊王先前講的，麻煩山羊族提供百萬噸糧食。」

　　山羊使者：「昨天烏土地區爆發大規模戰亂，糧食供應出現困難，糧食價格必須上漲 10 倍。」

　　小羊王：「這價格太扯了吧！根本是坐地喊價，囤積居奇啊！」

　　山羊使者：「烏土地區爆發戰亂，是我能夠控制的嗎？水羊族糧食被搶，是我可以決定的嗎？我只是適當反映成本而已。不爽的話，你可以去跟蕃羊族買糧食啊！」

　　小羊王：「蕃羊族自己吃都不夠了，哪有糧食賣我們？希望山羊族能再考慮一下，我們是同盟國，糧價麻煩算便宜一點。」

　　山羊使者：「這樣吧，只要讓我晉見肥羊王，糧價就按照先前講好的計算。」

　　小羊王：「日照大權現就在簾子後方，如果牠想見你，自然會發出指示，沒指示，就是不想見你。」

　　山羊使者：「我看肥羊王不是不想見我，而是牠根本沒有辦法見我，我看搞不好肥羊王已經被小羊王你給殺了。」

　　小羊王：「簡直無禮至極！大鴻臚，送客。」

　　山羊使者就這樣被小羊王直接轟了出去，群臣繼續開會討論。

　　大司馬：「不能就這樣讓山羊使者回去，必須給牠一點教訓。」

　　大鴻臚：「我已經在國境上安排好訓練有素的『盜賊』，等山羊使者踏出國境後，就會立刻進行襲擊。」

　　小羊王：「大鴻臚幹得好，只要事情是發生在山羊族領土內，就跟我肥羊族沒有半點關係，現在繼續討論攻打北方狼都的事情。」

　　大司馬：「目前軍中還有 1 個月的糧草，我有把握在 1 個月內攻下北方狼都，請小羊王允許我繼續進攻。」

　　大鴻臚：「如果糧草不夠，我還可以跟水羊族再討些糧食，估計 30 萬噸內，應該是不成問題。」

　　大司農：「我的立場只有一個，全面撤退，這補給線實

在是拉得太長，根本無法繼續維持。」

　　小羊王：「既然這樣，就採取多數決，繼續進攻北方狼都。」

　　此時簾子後方傳來3聲輕響，小羊王進到簾子內，和日照大權現輕聲交談幾句，然後出來。

　　小羊王：「日照大權現指示全面撤退，放棄進攻北方狼都。」

　　大司馬：「可是小羊王，我們打得下來啊！如果現在放棄，

我們將會永久失去北方狼都，無法完成日照大權現消滅狼族的夢想。」

小羊王：「就算打下北方狼都，狼族也不過是換一個首都而已，並不會因此滅亡，一樣無法完成日照大權現消滅狼族的夢想。這樣的打法，有什麼意義呢？當初說好四羊同盟一起攻擊狼族，如今卻只剩下我們在打仗，水羊族還會多少供應點糧草，蕃羊族根本在看戲，山羊族甚至想坑我們的錢。我們為啥要為了所有羊族，而跟狼族硬拼，這對我們有什麼好處呢？我們有必要燃燒肥羊族，來照亮所有羊族嗎？我沒有這種犧牲奉獻的偉大情操。」

大司農：「我支持小羊王的決定，全面撤退。」

大鴻臚：「小羊王的意思，就是我的意思。」

大司馬：「既然大家的意見都一致，那我也不便表示反對，全面撤退吧！」

打仗的時候，會出現許多變數。比如主帥突然病死、補給線被切斷、敵人跑給你追、同盟國還會扯你後腿……。你要怎麼規畫出一個完美的戰爭呢？不可能啊！變數實在是太多了。最好的戰爭規畫，並不是把每個細節都寫得清

清楚楚，而是要告訴將領戰略的大方向，剩下的小細節，則由將領們自行發揮。如果主帥連細節都要干涉，這場戰爭必敗無疑。

　　先總統蔣介石最為人所詬病的地方，就是把細節規畫得太清楚。在國共內戰期間，陸軍將領薛岳追擊共產黨時，蔣介石連哪裡要蓋碉堡，都交代得一清二楚。1935 年 3 月 2 日，蔣介石飛往重慶，向各部發出了「凡我駐川黔各軍，概由委員長統一指揮。如無本委員長命令，不得擅自進退」的電令。於是戰場上就算出現變數，手下將領還是得照著主帥規畫好的細節繼續前進，將領完全沒有自行發揮的空間，結果就是被敵人包圍全滅。不是共產黨四渡赤水厲害，實在是蔣介石這種太過詳細的指揮方式，完全不行啊！

　　主帥干涉愈多，將領就會愈無能，打仗注定失敗；計畫愈是詳細，執行起來就愈困難，最後恐怕只能全盤放棄。好的戰略只能規畫方向，不能有太多細節；好的計畫也只能制定原則，不能有太多執行面。這一切都是為了要容許變數的發生，若是沒有考慮過變數的存在，就證明了主帥的無能。

戰爭、升息、通膨，衝擊全球經濟

　　説起 2022 年的變數，那可真是多到數不清啊！俄羅斯突然間就朝烏克蘭打下去，當美國警告俄羅斯有可能攻打烏克蘭時，全世界有誰當真呢？沒有嘛，就像美國每天警告中國會攻打台灣，台灣人全部都在看美國的笑話一樣，當時烏克蘭人也在看美國的笑話。結果俄烏戰爭就這樣在 2022 年 2 月 24 日爆發。而當所有人都認為烏克蘭會在 1 個月內滅亡時，烏克蘭竟然撐住了，戰爭一直持續到截稿日的今天（2023 年 5 月），都還沒分出勝負，誰能料得到這個變數呢？

　　俄烏戰爭導致世界各國產生嚴重的通貨膨脹，美國的通貨膨脹率到達 8% 左右，英國通貨膨脹率甚至到達 10% 左右，這已經是任何人都無法預測的變數。然而，令人更加無法預測的變數是，美國聯準會（Fed）竟然大規模升息，利率從 0% ～ 0.25%，一口氣升至 2023 年 5 月的 5% ～ 5.25%，這簡直是瘋狂。

　　但美國瘋狂升息有把通貨膨脹打下來了嗎？幾乎沒有任何影響。很多人都笑説，美國就算把利率調高到 10%，通

貨膨脹也不可能下降。只有美國停止印鈔票，才有可能把通貨膨脹控制到 2% 以內。但要美國停止印鈔票，你還是別傻了。戰爭和印鈔票所造成的通貨膨脹，是不可能以任何利率手段來干預的。

戰爭必然會造成大規模的經濟影響，降低市場的供應量，供應量一旦減少，市場價格必定會被抬高，也就是通貨膨脹必然會發生。而俄烏戰爭所影響到的市場供應量是：

1. 烏克蘭的穀物出口減少，全球糧食價格上升，這造成許多貧窮國家買不起穀物，許多人活活餓死。

2. 俄羅斯的石油和天然氣等能源價格大規模上漲，跨國石油、天然氣公司埃克森美孚（ExxonMobil）甚至創下史上獲利最高的 1 年。

穀物和能源都是市場硬需求，是無法以任何干預來影響市場價格的。美國聯準會所做的一切努力不過是徒勞而已。

但最致命的還不是俄烏戰爭，而是美國拚命印鈔票。鈔票的本質就是一張紙，鈔票印得愈多，價值就愈低，但美

國又沒有錢償還國債。美國 2022 年 11 月單月預算赤字 2,485 億美元，支出金額 5,006 億美元，而收入只有 2,521 億美元。美國政府的開銷，有一半是靠借錢來支付。

截至 2022 年年底，美國國債的總額已經超過 31 兆美元，以美國政府的收入每年約 4 兆 9,000 億美元來看，光是要還清這些負債，就需要美國政府不吃不喝 6.33 年（＝31 兆美元 ÷4 兆 9,000 億美元）。但實際上，美國政府根本沒打算償還這些負債，美國只會印鈔票而已。畢竟不印鈔票、不發行債券，就編列不出預算啊！

台灣也開始步入美國的後塵，拚命的發行國債，2023 年 3 月，台灣的國債是 5 兆 8,000 億元，每個台灣人平均負債 26 萬元。各位手上的新台幣以後只會愈來愈薄，物價則是愈來愈貴。所以不是房價上漲，而是鈔票變薄，導致你必須付更多的錢來買房子。在通貨膨脹問題不解決之前，我可以大膽預言，以後的房價沒有最貴，只有更貴。今天不買房，你明天就會後悔；今天不炒股，你以後就等著去龍山寺乞討。

如果美國聯準會只是徒然無功的提升利率，那也沒什麼

關係。但利率的大幅提升，導致美國「舊」公債的價格大跌，造成了許多壽險公司都有上千億元的未提列損失。南山人壽甚至一度傳出淨值轉為負數，必須由政府勒令接管。還好後來金管會實行「資產重分類」，南山人壽才免於倒閉的命運。

依照「國際財務報導準則第9號公報」（IFRS 9）的規定，壽險公司對於金融資產評價可以分成「按攤銷後成本衡量（AC）」、「其他綜合損益按公允價值衡量（FVOCI）」和「以公允價值直接進損益的（FVTPL）」3類。通常投資國內外股票多放在 FVTPL 項目，而債券則多半放置在FVOCI、AC。

若將債券放在 FVOCI，會影響壽險公司的淨值，壽險公司可以大賺（過去10年公債都是賺的），也可以大賠（2022年債券就大賠）；若將債券放在 AC 項目，則不會因為市場價格變動而影響淨值。就算債券價格腰斬，但只要不賣，就不算賠錢，這就是長期投資的典範。手中有股票，心中無股價。

所謂的「資產重分類」，意思是壽險公司可以自由地轉

換金融資產科目。也就是壽險公司可以把目前擺在會計科目「FVOCI」下大賠的債券，部分移到會計科目「AC」下，變成這些債券不賺不賠。這樣簡單的會計手法變更，就能替銀行淨值增加幾千億元，不至於大幅度影響公司淨值。所以本肥羊從不相信會計師算出來的財務報告表，一律認為是「假帳」，我只相信現金股利。

　　帳可以作假，新台幣不能作假，不管詐騙集團如何欺騙你，認清楚金錢的流向就對了，萬騙不離錢。你絕不可能靠「投資」詐騙集團來賺幾百萬。詐騙集團所謂的「投資」，就是要你先拿錢給詐騙集團花，幾百萬元的獲利則是掛在「帳面上」，當你想要獲利了結的時候，連 1 塊錢都拿不出來。俗稱的「記在牆壁上」、「紙上富貴一場空」，這就是最常見的騙錢手法。

　　講完台灣繼續來講美國。美國房貸因為聯準會的關係，利率超過 7%（2022 年年底），造成全世界房地產市場急速冷卻，就連台灣的房地產都受到影響。雖然台灣的房貸利率依舊低於 2%，但市場不埋單，房地產就是賣不出去啊！其他的影響還有新台幣大幅貶值、股市狂跌、航運價格大跌、電子產品滯銷等。美國聯準會的大幅度升息，影

響了全世界的經濟活動，卻唯獨難以影響通貨膨脹啊！

　　其實，我從不相信，美國聯準會是為了降低通貨膨脹而升息，那只是名目上的理由。真實的理由應該是，為了冷卻全世界過熱的經濟活動。全世界經濟活動太冷，就大規模印鈔票，讓經濟熱絡起來；當全世界經濟過熱，就大規模升息，冷卻全世界經濟。貨幣政策，不過是美國調控全世界經濟的一種手段而已。美國聯準會的做法，造成股市不斷的崩盤與繁榮。當經濟花朵盛開之時，美國聯準會就讓它枯萎；當經濟花朵枯萎之時，美國聯準會就讓它盛開。一盛與一枯，全是看美國聯準會的心情。

　　《商君書》裡提到，「民弱國強，民強國弱，故有道之國，務在弱民。」翻成白話文就是：人民如果弱小，國家就會強大；人民如果強大，國家就會弱小。因此國家如果要治理得好，最重要的做法，在於削弱人民。日本也有類似的句子，相傳日本歷史上最偉大的政治家之一德川家康曾說：「讓農民半死不活，是政治的祕訣。」這句話是說，不能讓農民餓死，這樣他們會起來造反；也不能讓農民吃太飽，這樣他們會不願意替政府工作。必須讓農民處於半死半活的狀態，這樣才能為國家創造最大的利益。

只要把上述的「農民」換成「經濟活動」、「國家」換成「美國聯準會」，道理就很容易懂了。聯準會就是要把全世界的經濟搞成半冷半熱的狀態，這樣才能為美國帶來最大的利益。至於什麼降低通貨膨脹之類的說法，全部都是藉口而已。

────────────────────

小美現年 38 歲，買了 600 張的富邦特選高股息 30（00900），以現金股利 1.35 元計算，每年股息 81 萬元。用這些股息來生活，每月可以花用 6 萬 7,500 元。以小美每月開銷 3 萬元計算，收入剛好超過開銷的 2 倍。小美宣稱自己財富自由，辭去肥羊診所的護士工作。

男友：「你這樣辭職以後，我們拿啥養小孩？快去跟肥羊醫師道歉，回去繼續當護士啦！」

小美：「肥羊醫師人品惡劣，常講話譏諷我沒家產。小蝶護理長假日還會傳 Line 提醒我要做哪些工作。我現在已經財務自由，不想再受肥羊和小蝶的氣了，你不是男人嗎？你不會去賺錢養家嗎？」

男友：「光靠我一個人，養不起整個家庭啦！妳給我一

起去工作，否則連奶粉錢都付不出來。」

　小美：「養不起小孩，就別生啊！你現在就給我去結紮。」

　男友：「為啥我要結紮？我連個小孩都沒有，至少也生1個小孩，我再結紮。明明你去當護士，就養得起小孩了。」

　小美：「就說我已經財務自由，不用當護士，不用受肥羊的氣，也不用被小蝶護理長苦毒。我就是「財務獨立、提早退休」的 FIRE（Financial Independence, Retire Early）一族！我要 FIRE 肥羊醫師！FIRE 小蝶護理長！」

　男友：「我看是妳被 FIRE 吧！肥羊那麼有錢，都不敢說自己財務自由，妳竟然好意思說自己財務自由。妳乾脆拿個碗去龍山寺乞討，躺在龍山寺的人，每個都不上班，他們才是真正的財務自由。」

　小美和男友大吵一架，分手了。小美不明白，自己明明是年領 81 萬元股息的人，股息都比薪水還多了，為什麼大家都說自己不可以退休，必須繼續工作？小美把財務自由的理念貼在網路上，受到許多網友的一致推崇，甚至還有雜誌社過來採訪她的財務觀念。小美更加確信，自己才是對的，錯的是男友。

現階段穩領股息，不代表就能安心退休

每年光靠 81 萬元股息可以過生活嗎？答案當然是可以。如果沒有出現任何變數，如果歲歲年年如一日的話，光靠 81 萬元股息，確實可以過生活。但遺憾的是生活絕對不會一成不變，變數實在是太多了。

首先，小美怎麼確定明年 00900 還會配現金股利 1.35 元呢？也許剩 0.67 元現金股利，也許不配任何現金股利。明天發生任何事情，都是有可能的。小美只能說她今年領 81 萬元股息，至於明年呢？不知道。更別提 50 年後，00900 是否還能夠繼續存在台灣。以 00900 極為有限的 1 年多歷史（2021 年 12 月 22 日上市），要預測小美漫長的數十年剩餘壽命，除了天真以外，沒有任何言語可以形容小美。

其次，就算小美真的可以每年領 81 萬元股息，這些錢就夠花嗎？未必，小美可能會懷孕。當然許多人會覺得很奇怪，小美都說不生小孩了，怎麼可能還懷孕？女人只要有子宮，就會懷孕，跟她想不想要小孩無關。可能是喝醉了酒，被男人撿回去，或者保險套破了。當然，我知道女

權主義者一定會說，拿掉小孩就沒事。

　　要知道，「不想懷孕」不等於「拿掉小孩」。在小美懷孕的過程中，她可能會去思考很多她以前從沒想過的事情。甚至有可能看到反墮胎組織的宣傳影片，就改變想法，決定要把孩子生下來。別跟我說不可能，這種事情很常見的。在醫療案例上甚至出現過，醫師都已經準備好要動墮胎手術，女人卻突然走下床來，說她要回家生小孩的狀況。事情沒有發生之前，一切都是不確定的。

　　再來是健康問題。如果小美突然中風呢？醫藥費要如何處理？99% 自稱有思考過醫療費用問題的人，其實都沒有認真思考過醫療費用問題。醫療費用絕不是跑去醫院掛號，付 300 元這麼簡單。只付 300 元掛號費的人，也根本沒有「真的」生病，他們只是去醫院拿些例行性的藥物，像是糖尿病、高血壓這樣的藥物，這不過是慢性病的日常保養而已。

　　所謂的生病，是指你需要有人幫忙照顧。小美分手後就是單身，所以得花錢聘請看護，費用 1 天就要 4,000 元，1 個月就要 12 萬元。如果是住安養院的話，1 個月就是 4

萬元。如果小美有小孩，還得額外加錢來支付奶粉費、尿布錢。這是以目前的市價來計算，考慮到小美大約 40 年後才需要住安養院，以通貨膨脹率 2% 計算，1 個月至少要 8 萬 8,000 元（＝ 4 萬元 ×（1 ＋ 2%）^40，四捨五入至千元），1 年要 105 萬 6,000 元，81 萬元的股息根本就不夠付帳單。希望 40 年後，政府的長照服務能夠做好一點，否則小美只能去社會局門口排隊，申請低收入戶補助，不夠的錢，再去龍山寺乞討了。

　　此外，還有「老人」的問題需要關注。在小美的父母雙亡之前，小美都沒有資格說自己是「一人飽，全家飽」。很遺憾的，小美的父母還活著，小美注定要背著 2 個老人，3 個人一起過日子。但小美卻從來沒有考慮過父母的生活費，她只有計算自己的。要知道老人很花錢，光是伙食費、醫療費，就是一筆不小的開銷。除非小美的父母是公務員，有終身俸可以領，否則要年老的父母自己賺，自己花，非常困難。

　　目前市面上所有自稱財務自由的年輕人，99% 都有嚴重的智商不足。他們要不是太過樂觀，就是少算很多生活開銷，程度之差，連國小 4 年級的孩子都不如。這些財務自

由的網紅，之所以會吸引那麼多成群的粉絲，是因為這群粉絲的智商也偏低。粉絲每天幻想自己財務自由，看到一個自稱財務自由的網紅，兩個人很高興地討論財務自由的幻想。傻呆總是喜歡跟傻呆一起聊天，像我們這種智商正常的人，是不可能理解傻呆的世界。

「年年歲歲花相似，歲歲年年人不同。寄言全盛紅顏子，應憐半死白頭翁。此翁白頭真可憐，伊昔紅顏美少年。」劉希夷這首〈代悲白頭翁〉是在講，每年來賞的花都差不多，每年來看花的那些人卻變得不一樣。請轉告那些正值花樣年華的年輕人，應該要可憐這位已經半老垂死的白頭老翁。這位老翁雖然看起來是如此的病弱可憐，但以前他可是個美少年。

這首詩描寫歲月的增長，是如何在人身上進行無情的刻畫。每年的花朵看起來雖然差不多，但每年來賞花的人可是差很多，從一個來賞花的美少年，變成一個半老垂死的白髮老翁。同樣的花，同樣的人，每年看起來都一樣，但幾十年下來，差距竟然有如此大的變化，是生活沒有變化，還是你刻意忽視了生活的變化？生活中的一切，每天都在變，一成不變的人生，不存在於世界上。

借錢炒股是技術活，別貿然嘗試

　　許多財經網紅鼓勵別人借錢炒股，以後再用現金股利來支付利息。以現金殖利率 5% 來計算，扣除借錢的利息 2%，這樣每年可以淨賺 3%。這也是很天真的想法，看起來很可行，但實際上完全不行。這群財經網紅肯定自己沒有實際借錢炒過股票，不懂得借錢炒股壓力有多大，才會說出這麼紙上談兵的話。反正這些人都出張嘴炒股，對帳單全無，事後操盤，天下無敵啊！

　　我們以借款 500 萬元來計算，假設你是用房貸利率來炒股，20 年房貸，利息 2%，每年要繳的利息是 10 萬元，要繳的本金是 25 萬元，合計 35 萬元。但 500 萬元股票的現金股利，以現金殖利率 5% 來計算，只有 25 萬元，比起應繳的 35 萬元本金和利息，足足少了 10 萬元。這每年 10 萬元的洞，你要怎麼去填呢？大概只有「寬限期」能夠撐下去（剛開始貸款 2 年～ 3 年，不用繳本金），等寬限期一過，必須開始繳本金的時候，你就撐不住了。

　　那如果你是用股票質押來借錢呢？你必須知道，只有大公司的股票可以質押，比如說元大台灣 50（0050）的成

分股股票。至於很多人喜歡買的小型股，這些股票是不可能拿去質押借錢的，銀行拒收小公司的股票。

假設你擁有 0050 成分股中的國泰金（2882），且只擁有這 1 檔股票。你在 2022 年 1 月 14 日想以收盤價 67.7 元來股票質押買國泰金，以貸款成數 60% 計算，你擁有 124 張國泰金，才能借到股票質押的 503 萬 6,900 元（註 1），可以購買 74 張國泰金（= 503 萬 6,900 元 ÷67.7 元 ÷ 每張 1,000 股，取整數）。

以現金股利 3.5 元計算，74 張國泰金，現金股利是 25 萬 9,000 元（= 3.5 元 ×74 張 × 每張 1,000 股）。假設你的股票質押利息是 2%，也就是 1 年 10 萬元，你可以淨賺 15 萬 9,000 元（= 25 萬 9,000 元－ 10 萬元）。看起來很美好，對吧。

但問題是國泰金之後股價一路下跌，到了 2022 年 10

註1：124張國泰金價值839萬4,800元（＝67.7元×124張×每張1,000股），貸款成數60%，算下來約可借503萬6,900元（＝839萬4,800元×60%，四捨五入至百元）。

月 21 日的收盤價是 36.55 元，你總持有的 198 張國泰金（＝124 張＋74 張），如今只值 723 萬 6,900 元（＝36.55 元 ×198 張 × 每張 1,000 股），你的維持率是 144.738%（＝723 萬 6,900 元 ÷500 萬元）。距離 130% 的追繳程序，只差 14.738 個百分點，很危險，但你還算安全。只是你得再把 74 張國泰金放進去做股票質押，否則營業員會很不客氣地幫你賣掉 124 張國泰金，你將直接斷頭，股市信用破產，只能在龍山寺開啟新的乞討人生了。

　　不管怎樣，你總算是順利度過這一關，只是從股票質押 124 張國泰金，變成股票質押 198 張國泰金而已。但更大的問題來了，國泰金要現金增資，每張股票可以每股 35 元的價格認購 81.61 股。以持有 198 張國泰金來計算，你可以認購到 16 張 158 股（＝198 張 × 每張認購 81.61 股，取整數），所需金額約為 56 萬 5,500 元（＝35 元 ×1 萬 6,158 股，四捨五入至百元）。請問你從哪裡生出 56 萬 5,500 元來？錢在哪裡？

　　你上網詢問德高望重的股市前輩該怎麼做，前輩告訴你，要賣掉舊股票來替新股票籌錢。你就以 2022 年 12 月 8

日收盤價 40.75 元，賣掉國泰金 14 張，你預期可以拿到 57 萬 500 元（＝ 40.75 元 ×14 張 × 每張 1,000 股）。結果到了 2022 年 12 月 12 日這一天，你拿起存摺一刷，賣國泰金的錢呢？當場蒸發了。你很憤怒的打電話給營業員，抱怨錢沒有下來。得到的答案是：錢並非沒有下來，而是被系統直接拿去還債了，質押的股票依舊可以賣掉，沒有任何限制，但是錢會被系統直接拿去還債，找剩下的零錢才會匯給你。但是在沒還完負債之前，怎麼可能會有剩呢？

　　所以我再問一次，你要去哪裡生出 56 萬 5,500 元來參加現金增資？可能有很多人會說，那我乾脆就放棄現金增資好了。這其實是一個很愚蠢的選擇。以國泰金 2022 年 12 月 8 日收盤價 40.75 元計算，現金增資 35 元，等於每股可以現賺 5.75 元（＝ 40.75 元－ 35 元）。認購 16 張 158 股，可以淨賺約 9 萬 2,900 元（＝ 5.75 元 ×1 萬 6,158 股，四捨五入至百元）。你今天如果不參加現金增資，你就是傻瓜；但是你又沒錢參加現金增資，所以你只能當傻瓜。這還不是最慘的，最慘的是你怎麼能確定國泰金明年有現金股利呢？如果國泰金明年沒有現金股利，你要去哪裡生出 10 萬元的利息錢呢？

　　借錢炒股，用現金股利來還銀行利息，絕不是這麼簡單，這需要很多複雜的計算。如果你選股票質押，你的股票股價可能會腰斬，然後你就被銀行進入追繳程序，自動賣出所有股票。也有可能公司明年沒有現金股利，讓你沒辦法繳出貸款利息。更有可能公司進行現金增資，你卻拿不出錢來參與，白白損失賺錢的機會。如果你是用房貸來投入股票，要記住，房貸是必須繳本金的。就憑你那點現金股利，根本就不夠繳房貸的錢。借錢炒股是門技術活，平時沒事，千萬別借錢炒股。

　　只有在加權指數下跌超過 30% 時，才能考慮借錢炒股。以 2022 年 1 月 5 日的加權指數 1 萬 8,500 點（四捨五入至整數）來計算，就是 1 萬 2,950 點左右（＝1 萬 8,500 點 ×（1 － 30%）），才可以借錢炒股。就連我實際進場借錢炒股的 2022 年 9 月 30 日，當時加權指數 1 萬 3,425 點，都還算是買高了 475 點（＝1 萬 3,425 點 － 1 萬 2,950 點）。當然，理論是死的，操作是活的。我個人是認為我借錢炒股的時間點並沒有任何問題，畢竟時機是不等人的。特別是當時金管會要進行資產重分類，因此我沒有理由繼續等下去。趁此良機，莫再猶豫，山不轉路轉，點位等不到，自己調高點位，操作手法要靈活啊！

撒手鐧（把你手中的武器丟出去，偷襲敵人）永遠是壓箱底的最後一招，平時根本不應該使用。當你手中的鐧丟出去之後，如果敵人沒死，這時就是換你死了。永遠不要隨便拿撒手鐧出來用，這真的是太愚蠢了。借錢炒股壓力之大，特別是股市下跌的時候，看到每天燃燒的鈔票，還有營業員的催繳通知，威力足以讓你住進精神病院，千萬不要隨便就切斷自己的後路。

可控制的變數，才是你應該煩惱的

在所有的變數之中，最常被人討論的事情是：中國打過來，或者俄羅斯使用核子武器。我不知道討論這玩意能做啥？中國打過來，你應該先逃到美國去啊！待在台灣，就是隨便中國人用砲彈炸。台灣戰敗的話，就看新台幣和人民幣的匯率要怎麼算，是要新台幣 4 萬元換人民幣 1 元，或是新台幣成為廢紙，你家的房地產被沒收成為中國國有財產，這一切都是隨便中國人愛怎麼處理就怎麼處理。就算把台灣人全部送去新疆勞動改造，你也是絲毫無法抱怨的。贏家全拿，身為一名敗戰者，你沒有絲毫的尊嚴可言。

那如果台灣打贏呢？更慘。就是像烏克蘭這樣，沒水沒

電的，只能指望紅十字會來救援。別說照三餐吃白米飯了，你以後只能煮雜草，喝淡水河的汙染水。就算你很有先見之明，在家裡囤積了大量的白米、醬油和礦泉水，也會被飢餓的台灣難民搶光光。亂世之中，你的財產不是你的財產，你的性命也不會是你的性命。死亡永遠不會是戰亂中最可怕的結果，活著沒死，遭受折磨才可怕。死亡的人真是太幸福了，因為他們永遠不用為了明天煩惱，這是活著的人才需要面對的難關。

至於俄羅斯使用核子武器，那就是第 3 次世界大戰了。如果只是中國打過來，你逃到美國就沒事；但如果是俄羅斯使用核子武器，你逃到美國照樣被炸，你可能得逃到火星去才安全。

無論是中國打過來，或者俄羅斯使用核子武器，這都不是你應該煩惱的事情，因為你完全無能為力。有能力處理的變數，才是你應該煩惱的，比如說：富邦金（2881）防疫險虧損超過 400 億元；國泰金現金增資；6 家公股銀行（台灣銀行、合作金庫子行台聯銀行、第一銀行、彰化銀行、兆豐銀行及華南銀行）借給歐洲療養院集團 Orpea S.A.（歐葆庭）新台幣 46 億元的無擔保貸款，變成呆帳等，

這些可控制的變數，才是你該處理的。

　　至於中國打過來和俄羅斯使用核子武器這類大事，自然有美國總統拜登（Joe Biden）處理，輪不到你這種市井小民思考，你也沒這個能力去處理，看事情會怎樣就怎樣，如果你命中注定該乞討，就先準備個堅固一點的碗吧。What will be, will be. Don't worry, be happy.

　　再來我們討論一下00900，這是全台灣公認配息最高的ETF之一。以2023年1月30日收盤價11元、2022年配發現金股利1.35元計算，殖利率為12.27%（＝1.35元÷11元×100%），堪稱一絕。照這種配息速度，投資人只需要8年2個月內（＝100÷12.27，註2）就可以回本，堪稱台灣奇蹟。但現實真有這麼理想嗎？

　　我們以00900在2022年1月3日的收盤價15.29元、2023年1月30日收盤價11元，共領取現金股利

註2：我們不使用72法則的5.87年計算（＝72÷12.27），因為我覺得所謂的72法則，只是散戶的白日夢而已。一切都幻想得太美好，現實上根本不存在。當然，如果你堅信72法則，我尊重你，但絕對不會認同你。

1.35 元計算，股價下跌 2.94 元（＝ 11 元＋ 1.35 元－15.29 元），跌幅 19.23%（＝ -2.94 元÷15.29 元×100%）。

再以 0050 來做對比，2022 年 1 月 3 日的收盤價146.4 元、2023 年 1 月 30 日收盤價 120.7 元，共領取現金股利 7.6 元計算，股價下跌 18.1 元（＝ 120.7元＋ 7.6 元－ 146.4 元），跌幅 12.36%（＝ -18.1 元÷146.4 元×100%）。

從上述算式可以看出，2022 年 1 月 3 日至 2023 年 1月 30 日這段期間，00900 的跌幅比 0050 的跌幅還深，約 6.87 個百分點（＝ 19.23%－ 12.36%）。而 2023年 1 月 30 日，0050 的現金殖利率只有 4.06%（＝ 5 元÷123.3 元×100%，註 3）。

現金殖利率 12.27% 的 00900，表現竟然輸給現金殖利率 4.06% 的 0050！這不就是所謂的「賺了股息，賠了價差」嗎？這中間肯定是有什麼問題。就像我一直強調的，股息絕對不是最重要，公司表現才重要。下面，我們來細數一下追求高股息所帶來的問題點：

1. 股票更換太過頻繁。00900 為求達到最高的股息，每年的 4 月、7 月和 12 月，都會更換成分股，而且更換的程度非常激烈。以 2022 年 12 月 16 日為例，30 檔成分股更換 20 檔，更換比率為 66.67%，這實在是太驚人了！每年光這樣更換 3 輪成分股，證交稅和手續費都不知道要繳多少，更別說還有經理費和保管費等。假設費用為 1%，2023 年 2 月 28 日，總規模為 320 億元的 00900，估計每年都要上繳 3 億 2,000 萬元給政府和富邦投信，真是功在社稷，造福萬民啊！

2. 追逐高股息是個理想，但買完高股息的股票後就賣掉，可是一點也不理想啊！股息的獲利，必須是長期持有才能得到，這是長期投資的回報。但 00900 等股票配完息後，就在每年的 4 月、7 月和 12 月賣掉股票，轉追其他的高股息股票。00900 用這種短線投機的手法，來獲取長期投資的股息，這種集長線和短線大成於一身的操作手法，實

註3：由於前面00900的現金殖利率是以「2022年的現金股利除以現價」計算，故而在比較時，必須要用同樣的基準計算才對。因此，0050在計算2023年1月30日的現金殖利率時，分子要用2022年的現金股利（5元）、分母則須把0050在當天配發的2.6元現金股利還回去，即用現價123.3元（＝120.7元＋2.6元）計算。

在是不知道該怎麼說才好！至少也得等填完息再賣股票，一味的追求高股息，實在不是件好事。

3.00900 賠得比 0050 多，配息又是 0050 的 3.02 倍（＝ 12.27%÷4.06%），長久下來，會不會發生 ETF 入不敷出的情形？也就是 00900 會不會因為股息發太多，導致淨值慢慢蒸發呢？這是必須注意的風險。用本金來發股息，就如同把左手的錢轉給右手，然後還要向你收管理費和所得稅，實在是太糟糕了。你不能要求每年只能生出 500 隻羊的牧場，每年要交出 1,200 隻羊來宰殺，這樣做最後只會導致整個牧場滅亡而已。

4. 高股息這種東西，其實很不好。你不該滿腦子只想著從公司或 ETF 挖錢出來，這不符合長期投資的原則，你應該要和公司共榮共存，公司或 ETF 壯大，你也才能跟著壯大。像 2022 年富邦金因為防疫險虧損 400 億元以上，還有一堆人叫囂著富邦金的現金股利分太少，這真的是很不識大體。如果我是富邦金董事長，就直接停發現金股利了。公司冒著虧損的危險，給股東 3.5 元現金股利，竟然還有人敢嫌東嫌西的，這群批評者真是不像話。我相信這些人 90% 都不是富邦金的股東，他們只是每天吃飽撐著沒事幹，

在酸世間萬物而已。至於那剩下持有富邦金股票的 10%，我拜託他趕快把富邦金股票賣掉。有這種自私自利的股東，會帶衰整個富邦金。我常跟人家說，富邦金是我家開的，我關心的是富邦金賺不賺錢，不是富邦金現金股利多少。無論公司賺賠，都滿腦子只想要股息的人，像這種殺雞取卵的手法，是絕對無法長久在股市生存下去的。

5. 目前市面上推出的 ETF 愈來愈多，操作手法也愈來愈主動，而且跟大盤指數也沒有什麼關係。ETF 愈看愈像短線操作的基金，這樣的 ETF 是否還有推廣的價值？讓人非常懷疑。你不會因為買了 50 檔短線投機股票，就變得安全；你也不會因為只操作 1 檔優質金融股，就變得危險。只照顧一顆雞蛋，它可以變成小雞，長大後成為一隻母雞，然後生出很多雞蛋來。但是如果你照顧的是一籃子的石頭，不管你把這些石頭描繪得多像雞蛋，它永遠都孵不出來。因此，分散投資，永遠不會比集中投資安全，反而是更加的危險。

在 20 世紀初被稱為世界第 6 大帝國的羅斯柴爾德（Rothschild）家族認為，必須要「控制盲目投資的衝動」。最聰明的投資，就是不要過度頻繁的投資，而應該把握關

鍵的機會，一口氣重壓下去。就像本肥羊一樣，在 2022年 9 月 30 日借款 1,000 萬元，然後還清；在 2023 年 3月 16 日又借款 1,200 萬元，目前沒有還清，但已經賺了不少（詳細數字請看 Chapter 07）。看準機會，勇敢抄底，別人恐懼我貪婪，適當的使用槓桿，才能獲得最大的利潤。如果你只是定期定額的買進股票，很難獲取利潤。

在股市裡面，你應該扮演一個旁觀者，而不是每一次的漲跌，你都想參加。我們必須失去股市中 99% 的機會，至於最後的那 1% 機會，我們要徹底掌握住，然後靠重壓來發財。你無法控制自己的命運，你所能做的事情，其實非常有限。

即使是像羅斯柴爾德如此龐大的家族，也無法抵抗納粹德國的入侵。因為是猶太人的關係，家族成員被抓去集中營，甚至被殺害，整個家族的財產損失超過一半，只剩下美國和英國的財產還在。世界富豪羅斯柴爾德家族，在面對戰亂時都尚且如此軟弱無力，更何況是我們這群庸碌之輩呢？

放棄那些你無法控制的變數，才是你最好的選擇，也是

你唯一的選擇。幻想自己很偉大，能夠精準掌握股市的漲跌，是永遠無法改變你貧窮的命運。請務必認清這個非常殘酷的世界，千萬不要搞一些危險的投機行為，比如說加密貨幣，讓自己從住在貧民窟，變成睡在公園乞討了。

也請別說你如果賭輸了，就會去跳淡水河，一了百了，毫無牽掛。身為一個急診醫師，我可以明確地告訴你，99% 想死的人，根本都不會去死。千萬別讓家人看清楚你的軟弱無能，你不要再繼續丟臉了！

和對的人來往
才能增加財富和見識

一點紅要塞，小羊王正在調整從北方狼都撤退後的軍事部署。大鴻臚帶著一名使者進入，脫帽後發現竟是一隻狼！

大鴻臚：「蒼狼王的使者前來晉見，希望雙方能夠停戰。」

小羊王：「既然蒼狼王的使者不遠千里而來，那也不能不賣這個面子。雙方原地停火，互不攻擊，至於實際邊界的劃分，就全權交由大鴻臚來處理。」

此時簾子後方傳來3聲輕響，小羊王走入簾內，和日照大權現（肥羊王）輕聲交談幾句，又走出來。

小羊王：「原來是蒼狼王親自前來，在下實在是太失敬了。

還請上座與我當面交談一番，相信蒼狼王親自前來，絕不只是為了停戰這種小事吧！」

蒼狼王：「小羊王真是好眼力。我這次南下，是想與你商量一個對雙方都有利的大事業。不知道小羊王是否有這個氣度，能夠接受常理以外的事物？我看小羊王的面相，不過就是個大酋長而已；但小羊王的背相（背叛之相），富貴不可言啊！」

小羊王：「我肥羊一族，從來不會背叛朋友，自然無所謂背相可言，你專注看我的面相就可以。」

蒼狼王：「不會背叛朋友，那就是可以背叛敵人，小羊王果然答應的很豪爽。」

小羊王：「既然是敵人，那就是彼此之間毫無交情，又哪來的背叛可言？至於要不要答應你的合作，那就得看蒼狼王你的誠意夠不夠。」

蒼狼王：「別的沒有，誠意最足夠。我將為小羊王獻上100萬噸糧食，另外還準備了一顆夜明珠，想要送給肥羊王。」

小羊王：「日照大權現退隱很久了，自然也不會參與外交事務，接受你的會面。我會收下這顆夜明珠，再替你轉交給日照大權現。至於你說的100萬噸糧食，那原本就是水羊族贈送給肥羊族的禮物，只是被你搶過去而已。你拿

這點東西來作為見面禮，誠意似乎有點不足喔！」

　　蒼狼王：「小羊王教訓得極是，我將為你獻上 200 萬噸的糧草。」

　　小羊王：「200 萬噸是利息、100 萬噸是本金，合計 300 萬噸糧草。這樣的話，我們就可以談合作。」

　　蒼狼王：「小羊王都開口了，那就這樣說定，300 萬噸糧草我將會在 1 個月內準備完畢。不知道小羊王對於彼此合作，共同對付最大的敵人這件事情是否感到興趣？」

　　小羊王：「既然是敵人，不用你說，我也會對付牠。只是與狼族合作，這件事情影響很大，我得先詢問一下大臣們的意見。」

　　蒼狼王先行離席，參加歡迎宴會，留下小羊王和臣下開會討論。

　　大鴻臚：「蒼狼王謙虛有禮，說話也客氣，完全沒有架子，我很喜歡牠。」

　　大司馬：「如果小羊王是說那個態度很囂張的敵人，我自願擔任先鋒。」

　　大司農：「我的態度很簡單，誰給我糧食，我就支持誰。」

　　小羊王：「既然大家都沒意見，合作案就這麼定了。」

　　在經過一番仔細的文字推敲之後，小羊王和蒼狼王，各自以羊族文字和狼族文字，簽下羊版和狼版的「狼羊友好同盟條約」，共同面對雙方最大的敵人。

不安於現狀，否則難以成功

　　在這個世界上，沒有永遠的敵人，也沒有永遠的朋友，重點不在於你要不要跟這個人合作？重點在於，你跟這個人合作，有沒有利益可撈？只要利益談得妥當，你就算跟貪官和奸商合作，本肥羊也會尊敬你；如果利益談不妥當，甚至根本就是虧錢生意，你就算是和兄弟姊妹合作，我也

會當你是個傻呆。

不要去在乎對方是誰，而是要在乎對方能不能帶來好處。資本主義的社會，一切向錢看。富可敵國的羅斯柴爾德（Rothschild）曾說，「賺錢，獲得影響力，是我們家族的信仰！」你要勇於去追求富貴人生，而不是仁義道德，你永遠不應該在乎窮人的落伍看法。他們窮，是因為他們思想貧窮，觀念貧窮，追逐貧窮。你如果聽他們的話，就注定一輩子在貧民窟打轉了！

只有失敗者，才會去聽從別人的意見；真正成功的人，從不聽別人講話，而是要別人聽他講話。你不需要靠仁義道德，獲得別人尊敬；而是要用財富和權勢，來讓別人尊敬你。

孔子：「賢哉！回也！一簞食，一瓢飲，在陋巷，人不堪其憂，回也不改其樂。」──《論語·雍也》

這段話是在描述孔子稱讚顏回：「顏回真的是很賢能啊！每天只吃一碗飯，只喝一碗水，住在貧民窟，每個人都受不了這種痛苦，顏回卻過得很快樂。」

　　從這裡我們可以看出來，顏回就是太習慣貧民窟的生活，才會窮一輩子。如果你想要脫離貧窮的生活，你就必須勇敢地改變自己，你必須對生活不滿，才能知道自己為何要追求富貴？安於貧窮，樂於追求人生的道理，你就等著像顏回這樣，窮一輩子吧！

　　顏淵曰：「願無伐善，無施勞。」──《論語‧公冶長》

　　這句話的意思是顏回從不誇耀自己的長處和優點，也不會到處宣傳自己的功勞。顏回這種性格要怎麼發財？怎麼獲得長官的賞識和重用呢？長官根本就不知道顏回的功勞啊！人如果想要賺錢，一定要懂得自我宣傳和包裝，這樣別人才會知道你很行，也才會去重用你，讓你能順利升官發財。

　　「顏回年二十九，發盡白。」──《史記》

　　這一句說明顏回 29 歲，頭髮就整個白掉了。從這段記載可以看出，顏回的生活壓力有多大。雖然外表裝作一副很不在乎的樣子，但身體是不會騙人的，顏回的日子，其實過得很痛苦。所以先前孔子誇讚顏回很快樂，其實顏回

只是苦中作樂啊！你會想過這種強顏歡笑的生活嗎？如果
不願意的話，是時候捨棄那些讓你賺不到錢的仁義道德，
鈔票才是正義啊！

　　人必須認清楚自己的現狀，看清楚貧窮對你造成多嚴重
的打擊。你要深刻去檢討，那些害你貧窮的父母、妻子（丈
夫）和小孩。你如果滿足於現有的生活狀況，你就等著窮
一輩子，今生今世永不得翻身。

　　什麼知足常樂，全是假的，被貧窮操到一身上下都是病，
才是真的。為了追求富貴，你可以跟惡魔合作，但千萬別
跟窮人合作，會帶衰。羅斯柴爾德家族有一條祖訓：「我
們一定要和國王一起散步！」和有影響力的人交往，才能
增加我們自身的財富和見識。和窮人來往，你什麼都得不
到，甚至會因為投資窮人，而賠上一筆錢！

　　本肥羊之所以能夠順利在股市賺到錢，就是因為看清楚
父親天天醉酒不工作，和母親堅持投資詐騙集團。只有深
刻了解到父母的無能，才能使我在 12 歲就努力研究股市，
為往後的炒股人生，奠定基礎。你也應該對生活如此不滿，
否則難以成功。

小美辭職後，看到肥羊醫師和小蝶護理長，正一起坐在餐廳，準備吃飯。

小美：「這不是窮到只剩下錢的肥羊醫師嗎？這麼有閒情逸致，帶小三出來吃飯，不怕被老婆看到嗎？」

肥羊：「妳如果覺得我在搞外遇，那就當我在搞外遇。我從不向任何人解釋任何事情，當然也沒必要向老婆做任何解釋。」

小蝶：「安啦！以肥羊那種小氣的性格，沒有女人會願意當他小三啦！」

小美：「堂堂醫師，不花錢、不開車、不出國，更不搞女人。你賺那麼多錢，到底是要做啥呢？」

肥羊：「我賺錢的目標，就是為了賺更多的錢。這是我的興趣，我只要一天不賺錢，就會難過到吃不下飯。」

小蝶：「你要肥羊花錢，還不如殺了他，這樣比較快。」

小美：「肥羊都快 50 歲了，賺這麼多錢不花，是想以後帶去棺材嗎？」

肥羊：「我死了以後，也還要託夢給兒子報明牌，讓他賺更多錢。人死沒關係，但是翁家賺錢的理想，必須代代

傳承下去。」

小蝶：「10代子孫以後，就會成為像羅斯柴爾德那樣，富可敵國的大家族了。」

小美：「人都死了，就算你孫子是台灣首富，對你又有什麼差別呢？還不如學學我，早早就財務自由，退休過著悠閒的日子。」

肥羊：「我聽說，妳最近網路事業經營得有聲有色，還接受雜誌採訪、上電視、開訂閱課程。妳所謂悠閒的生活，就是辭掉護士，改行當財經網紅嗎？認真說來，妳根本就沒退休啊！妳只是從當護士，改成當財經網紅而已。在家上班，依舊是上班喔！」

小蝶：「工作不分貴賤，自然也無所謂輕鬆與忙碌之分。像我每天都很努力當護士，雖然經常加班，但我自認為過得很愉快。」

小美：「至少我當財經網紅，不用擔心打個新冠肺炎（COVID-19）疫苗，還得寫悔過書；也不用煩惱有人在瞎指揮，人際關係大大的和諧。」

肥羊：「可是我昨天看臉書，妳不是和酸民在互轟嗎？看妳當時那憤怒的樣子，感覺不太像人際關係很和諧耶！」

小蝶：「我承認我的指揮確實不是很完美，但我至少是對事不對人，而妳確實就是犯了錯，要妳寫悔過書有什麼

不對嗎？」

小美：「那妳自己犯錯呢？肥羊醫師有叫妳寫悔過書嗎？妳分明是吃定我們這群護士，不敢反抗妳的淫威。」

肥羊：「都離職了，這點小事就別拿出來講。相逢即是有緣，今天算我請客，小美妳要吃啥？盡情點，不用客氣。限價 1,000 元，多的自己貼錢喔！」

小美：「我都已經是財務自由的人了，哪有讓前長官請客的道理？今天我埋單，沒有任何價格上限，只要你們吃得完。」

肥羊：「那我要點綜合生魚片、和牛，再來隻大章魚。」

小蝶：「那我點帝王蟹、龍蝦和一尾石斑。這樣點可以嗎？會不會太貴呢？還是我點炒烏龍麵就好了。」

小美：「只要妳吃得下，我就請得起，不用看價格，這點小錢而已，我請得起，但絕對不能浪費食物。」

由於小蝶在減肥，吃不多，只有解決了一尾石斑而已。最後整隻龍蝦和帝王蟹，都落入肥羊口中。吃完飯後，小蝶開車，載著肥羊回家。

肥羊：「妳可真好意思啊！小美那點家產，妳叫她請吃帝王蟹、龍蝦和石斑。不過真是感恩妳了，我一直想吃龍

蝦和帝王蟹，只是不好意思開口。」

　　小蝶：「愛擺闊，我就給她點教訓。我剛剛有注意到，你在翻菜單時猶豫了幾秒鐘，我就想說你肯定是想吃龍蝦和帝王蟹，只是不好意思開口。你不好意思，沒關係，我好意思。小美大概是認定你會不好意思開口，而我在減肥，吃不了多少，所以才敢囂張地說沒有任何價格上限。她大概不知道，你以前是大胃王比賽亞軍。愛擺闊，我就給她點教訓，點龍蝦和帝王蟹給你吃。『無毛雞，假大格（同一隻雞，在有羽毛，和沒羽毛的時候，體格大小會差很多。如果一隻雞，已經被拔到沒有羽毛，這時還要張開翅膀，裝作自己很大隻，場面就會變得很難看）』。」

　　肥羊：「我剛看到她付帳時的表情，都快哭了，妳真夠狠，最毒婦人心啊！」

　　小蝶：「有多少家產，做多少事，那點錢也敢號稱財務自由，我聽到都快笑死了。」

　　肥羊：「無知者是最幸福的，因為他們根本沒看過有錢人長什麼樣子。小美大概以為我就是有錢人，其實我這點家產，走出去會被人家笑的。家產沒破億元，都別跟我說有錢啦！小美那副窮酸德性，竟然還有一堆人相信她財務自由，那群粉絲的見識到底是多差啊！」

　　小蝶：「現在很多年輕人 1 年才賺 40 萬元，但他們也有

夢想，一個能輕鬆發大財的夢想啊！小美只是說出這些年輕人的夢想而已。不是這些粉絲信任小美，而是他們信任小美所編織出來的夢想。」

肥羊：「人窮不是錯，明明貧窮還幻想自己有錢，才是錯。我在貧民窟，看過太多這種傻呆了。」

自己的退休金自己存，勿仰賴下一代

目前有愈來愈多的財經網紅，在鼓勵大家提早退休。但事實上，這些財經網紅都已經 60 幾歲，滿頭白髮，還在寫臉書（Facebook）、弄訂閱文章、上電視、接受雜誌採訪。哪點看起來像退休的樣子呢？根本是存心工作到自然死為止。

我最近看這些財經網紅在宣傳，只要 500 萬元就能夠讓一個單身漢（女）退休，夫妻兩人抓保守點，1,100 萬元可以退休，完全都沒在管通貨膨脹和醫藥費。誇下的海口之大，正港會驚死人！財經網紅自己都做不到提早退休，然後叫粉絲要提早退休，這不就是傳說中的「詛咒給別人

死（自己發下毒誓，但卻是讓別人去死）」嗎？

　　這群跟隨財經網紅的傻呆粉絲不可憐，可憐的是這群傻呆粉絲的子女。他們必須撫養只帶著 1,100 萬元就要提早退休的父母。小孩搞到自己散盡家財，都不夠付父母兩個老人的帳單，最後只能依靠社會局救濟，然後開始「算計」還沒長大的孫子，以後 1 個月能賺多少錢？再以「孝順」的名義，逼迫孫子拿錢給自己花。

　　一代的負債，留給二代還；二代的負債，留給三代還……，生在這種人的家裡，真正是會帶衰。貧窮不可悲，可悲的是自己窮，還要逼小孩養你，讓小孩跟著你一起窮，然後是孫子窮、曾孫子窮……，無限輪迴。直到這群窮人，因為太過貧窮，娶不到老婆，徹底從地球上滅絕為止。自己的帳單，要自己想辦法付，賴給下一代支付帳單，自己卻爽爽的過著退休生活，這是非常不道德的行為。

　　如果你存的錢不夠支付退休生活，你就應該做到自然死為止。如果老闆嫌你老，不要你，你就應該去撿垃圾，做資源回收，多少賺點錢回來。平時沒事就去參加廟會活動，都有免費的食物可吃，比如大甲媽祖遶境，沿途信徒提供

的餐點，就非常豐富；在雲林四處過爐的六房媽，也會供應免費飲食。而有些善心餐廳，老人吃飯也不用錢，比如「正德愛心廚房」，目前全台灣有 22 家，雲林斗六也有據點。

你身為一個老人，大家會可憐你，同情你。無論你是討錢或是討食物，都會比年輕人輕鬆一萬倍。你不趁著年老的優勢，想辦法養活自己，難道是要年輕人為了養你，一輩子不嫁、不娶、不生小孩，直接滅種嗎？

多疼愛點自家子女，他們被你這種窮人生出來，不是他們的錯，而是你的錯。或許你沒有辦法留給小孩什麼遺產，但至少不要留下一堆帳單，要他拿錢孝順你。別只顧著自己爽爽提早退休，完全不在乎小孩，為了支付你的帳單，一個年輕人就這樣，被工作操到過勞死，人不可以那麼自私啊！

———————————————————————

肥羊：「我考妳一個很簡單的數學問題，測試妳有沒有小學生程度？」

小真:「只要不考雞兔同籠(幾隻雞和幾隻兔子關在一起,一共有幾隻腳?)的問題,其他國小數學題目,我應該都能應付。」

肥羊:「小明年薪 100 萬元,第 2 年被減薪 50 萬元,第 3 年加薪成 75 萬元,請問小明的薪水是增加或減少?」

小真:「很簡單,小明薪水減少 25 萬元,大大的衰退啊!」

肥羊:「錯誤,小明薪水增加 50%,大大的增加。因為小明從年薪 50 萬元,變成年薪 75 萬元。」

小真:「這是數學題目,還是腦筋急轉彎呢?你是醫學系壓力太大,讀書讀到瘋掉,才會想出這不切實際的詭異數學題目嗎?」

肥羊:「怎會不切實際呢?這一題數學在現實社會中,很常使用的。」

別盲目聽信財經名人的言論

一般人由於不擅長數學的關係,很容易遭到財經網紅的欺騙。舉個例子:最近一個 30 歲的少年股神,在 10 年

的時間內，從 100 萬元賺到 1 億元，投資報酬率 99 倍，算算每年至少得賺 1 倍才行。少年股神每天誇耀他的彩晶（6116）賺 1 倍、國巨（2327）賺 1 倍、藥華藥（6446）賺 5 倍。就算他是全部資本都投入彩晶，再換國巨，之後換藥華藥，獲利也只有 24 倍啊（＝2×2×6）！跟 99 倍的投資報酬率，差距了 4 倍左右。

從少年股神最近上雜誌，一口氣推薦了 22 檔股票，可以看得出來，他是個資金非常分散的投資人。這樣的人，就算持有的 1 檔股票獲利 100%，其實也只有賺 4.55% 而已，因為他每 1 檔股票只有投入 4.55% 的資金（＝1÷22×100%）。而且在他推薦的名單中，竟然包含台積電（2330）、國泰金（2882）這種不太會漲的大型股票，這樣是能夠賺多少呢？反正到時候，他看 22 檔股票中哪一檔大漲，就一直狂提這檔股票，剩下的完全不提。事後看盤，輕輕鬆鬆，炒股穩賺不賠的財經網紅，就這麼誕生了。

看少年股神最近在講，炒股超過 500 萬元後，每年能賺 10% 就很不錯了，一百在推績優公司，低點分批買進。這樣緩慢的投資效率，到底要怎樣才能讓少年股神的投資報

酬率達到 99 倍，從 100 萬元本金賺到 1 億元呢？他有個朋友在長春化工上班，他竟然勸人家辭職。長春化工的年薪大約在 70 萬元～ 100 萬元，然後他勸人家辭職來專職炒股。若用他說的股票投資報酬率，頂多 10% 計算，他朋友得先有本金 700 萬元～ 1,000 萬元，才能用炒股賺到以往 70 萬元～ 100 萬元的薪水。如果沒有這麼多錢的話，辭掉長春化工的職務，生活不是過得更慘嗎？然後又說靠薪水賺錢，比靠炒股賺錢容易，那你還叫朋友辭掉長春化工的職務，分明要他去龍山寺乞討啊！

這位少年股神的獲利數字，整個對不上來，講話邏輯也是非常的跳躍。炒股好，還是工作好？根本就說不清楚。每天就是說，讀博士，年薪至少應該要賺到千萬元。但我實際認識幾個台積電工程師，就算是留美博士，也沒這麼賺啊！被譽為「華為天才」的稚暉君，年薪也只有 890 萬元，少年股神竟然認為隨便一個台積電工程師，年薪都有千萬元，這眼睛是瞎了嗎？

少年股神每次講話，就是一堆英文專有名詞，比方說「E8」，這玩意用 Google 都查不到意思，似乎不這樣講話，無法炫耀他統計學碩士的身分地位。其實「E8」不過就是

聯發科（2454）的階級而已，不知道懂這玩意，有啥好炫耀的，他又沒在聯發科工作過，整天喊「E8」，聯發科也不會錄取他的。會計出身，卻連作帳的習慣都沒有，自己股票進出的帳也沒在算，理財習慣超級差。

　炒股技術不成熟，投機還是投資，變來變去。說話太過誇大，喊出來的薪水跟現實生活有落差，感覺就是個外行人。講話邏輯也是莫名其妙，一會要別人辭職炒股，一會又說炒股不如去工作，讓人懷疑他是不是躁鬱症發作？這樣要跟我說他靠自己炒股，賺到家產上億元，還辭掉月薪20萬元的工作做專職投資人，而且完全沒有對帳單，我是怎樣都不會相信的，大概也只有那群國小沒畢業的傻呆，才會相信這種滿口胡言亂語的財經網紅。

　曾經有個自稱「台積電工程師」的網友，在 Dcard 發文，說自己年資 8 個月，領到 3.9 個月的分紅，也就是 1 年領266 萬元。一時之間，引來無數人羨慕的眼光。實際上呢？這位自稱台積電工程師的網友，根本不是台積電的員工，因為台積電的分紅不是 1 次領，而是分 5 次領。以這位年資 8 個月的菜鳥來講，也就是領到 5 月、8 月和 11 月，共 1.5 個月的分紅。而最大筆的分紅，2.4 個月，必須等

明年的股東會開完，才能領到錢。這位自稱台積電工程師的網友，只是個每天吹牛的虎爛王，他跟台積電一點關係也沒有。

　　一般台積電的資深工程師，年薪大約是 200 萬元～ 300 萬元左右，部經理才有 1,000 萬元，所以台積電擁有千萬年薪的人，其實非常少見。並沒有像少年股神說的那麼簡單，只要隨便弄個美國博士，就能破千萬年薪了。更別提進台積電的人，超過一半會被淘汰。畢業時歡歡喜喜進台積電，3 個月後，一身上下都是病，被迫離開台積電。台積電不缺工程師，而是缺新鮮的肝，如果你的肝臟不夠力，請勿前往台積電面試。

　　很多人都羨慕台積電員工可以提早退休，但我實際問過台積電的退休員工，他說：「如果可能的話，他也想在台積電做到 65 歲，但身體實在是撐不住啊！除了退休以外，還能做啥呢？進醫院保養嗎？」提早退休不是一種選擇，而是一種無奈。聯發科薪水會再比台積電高一點，但工作也更操一點，沒有比較划算。

　　網路上滿多這種天天吹牛的大外行，只是少年股神的粉

絲智商偏低，所以怎麼吹都不會被識破。想要打造吹牛無
敵的神話，找群傻呆來當你的粉絲就行了。就算你說自己
每個月股票交易量都是數百億元，笨蛋也會深信不疑的，
即使你完全拿不出對帳單。

⁙⁙⁙⁙⁙⁙⁙⁙⁙⁙⁙⁙⁙⁙⁙⁙⁙⁙⁙⁙⁙⁙⁙

小真：「聽你在鬼扯啦！你腦筋燒壞時，想出來的數學
題目，怎麼可能會在現實生活中，有任何使用的機會呢？」

肥羊：「那我考你一個現實生活的題目，假設富邦產險，
今年因為防疫險虧損 400 億元。如果富邦產險明年不用賠
防疫險，請問富邦產險賺多少呢？」

小真：「這樣的話，就是防疫險損失為零，再來就得看
富邦產險，平時賺多少？回歸於正常的獲利情況。」

肥羊：「錯誤，正確答案是，富邦產險明年賺 400 億元。
從今年虧損 400 億元，變成明年零獲利，這樣就是賺 400
億元。」

小真：「簡直是鬼扯到家！照你這種說法，今年因為美
國聯準會（Fed）惡搞升息，導致所有壽險公司損失慘重。
只要聯準會明年不惡搞升息，所有壽險公司不就大大的賺
錢。因為從今年損失慘重，變成明年正常獲利，這樣就是

大大的賺錢。」

　　肥羊：「沒有錯，大賠之後，就是大賺。只要公司不倒，你一定會等到大賺的那一年，至少公司大賠的第 2 年，會變成大賺。因為從大賠變成零獲利的那一瞬間，就是大賺，要買壽險公司，得趁早買啊！」

　　小真：「不可思議！你是不是因為我是護士，不太會讀書，就想用數學題目玩我。」

　　肥羊：「我沒有玩你。這是真實的，依據愛因斯坦的相對論，富邦產險從虧損 400 億元變成零獲利，就是大賺 400 億元。」

投資要著眼於當下，而非看不見的未來

　　愛因斯坦的相對論提出一個「四維時空」的概念，認為時間和空間，各自都不是絕對的，絕對的是一個它們的整體「時空」，在時空中運動的觀察者，可以建立「自己的」參照系統，定義「自己的」時間和空間（即對四維時空做「3 ＋ 1 分解」），而不同的觀察者，所定義的時間和空間，可以是不同的。

以現實來講，小華住在南方的台南，小美住在南方的高雄，所以小華其實是住在「北方」的台南，這是因為從小美的角度來看，台南在高雄的北方。換句話說，小華其實可以住在東西南北上下的任何一個方向，只要你從不同人的角度來看，台南並不是在南方啊！

本肥羊將愛因斯坦提出的「時空相對理論」，應用在經濟學上自創出了肥羊流派「股市相對理論」，得出了，「大賠即是大賺」、「大跌即是大漲」、「買即是賣，賣即是買」等奇特的股市理論，並且實際運用在股市中。自 1999 年股市征戰以來，這些奇特的股市理論獲得 99% 以上的勝率，其中最有名的理論是「買股票是為了賠錢」，這就是「股市肥羊」名稱的由來。你不賠錢，誰來賠錢呢？你不當肥羊，誰來當肥羊呢？犧牲我自己，造福整個股市。反正就算你希望在股市中賺錢，你往往還是會賠錢，那何不改成希望自己在股市中賠錢，也許你就會賺到錢了。希望大家都能立定志向，當一隻在股市中賠錢的肥羊。

應用這種相對理論的人，也不只本肥羊一個。事實上，所有的財報計算，都是依據「相對理論」來計算，而不是「絕對理論」。我們看到許多財經網紅，在 2023 年，一

直誇讚藥華藥獲利非常好。2022 年全年營收 28 億 8,200 萬元，年增 339.31%。這裡所說的年增，都是用去年來做比較。因為營收比去年增加，所以大家拚命推薦。千萬別忘了，藥華藥還要進軍日本市場，前途無量啊！但藥華藥 2022 年前 3 季每股盈餘（EPS）累計虧損 4.37 元，卻完全無人理睬。大家喜歡的是「相對賺錢」的藥華藥，而「絕對虧損」的藥華藥，卻被直接無視了。

　　炒股的重點，不在於公司的「絕對」盈虧，而在於「相對」盈虧。只要公司表現得比去年好，你就等著賺錢；相對來說，只要公司表現得比去年差，你就等著賠錢吧！

　　比如陽明（2609），2022 年 12 月單月營收為 163 億 6,000 萬元，較 11 月營收減少 32 億 5,200 萬元，月減 16.58%；較去年同期營收減少 187 億 4,700 萬元，年減為 53.4%。累計 2022 年營收 3,759 億 2,700 萬元，年增 12.39%。雖然 2022 年前 3 季稅後純益 1,658 億 5,800 萬元，年增 50.95%，EPS 為 47.5 元，但誰在乎呢？陽明在 2023 年，被許多財經網紅罵到一蹋糊塗。大家厭惡的是「相對賠錢」的陽明，而「絕對賺錢」的陽明被直接無視了。

你如果當真想學習炒股，就得先了解財經網紅的邏輯。對他們來說，公司現在賠錢或者賺錢，其實並不重要，重要的是，公司以後會賺錢還是賠錢？股票看的是未來的賺賠，而不是現在的賺賠，至於這個「未來」是否真的會發生呢？根本沒人在乎。忽視了多數人的觀點，你就等著賠錢吧！

肥羊族常把「逆勢投資」掛在嘴上，這就意味著，你炒股必須先賠錢，逆勢＝賠錢。其實，並不是我們有能力對抗大時代的趨勢，而是我們的靠山，大到不能倒的銀行，有能力對抗大時代的趨勢。富可敵國，隻手遮天，就是富邦金（2881）、國泰金和中信金（2891）這 3 大金控的寫照。

「平家にあらずんば人にあらず」這句話出自《平家物語》，翻成中文為「非平氏者，非人也。」有 2 個解釋：1. 不是平氏一族，根本就稱不上是個人；2. 如果沒有我平氏一族，其他人就沒辦法生存下去。這話雖然說得超過了點，但也是事實，由此可見平家的權勢是如何之大。這句話用在 3 大金控上，也是說得通的。我們 3 大金控在金融界的權勢，並不亞於當年平氏一族在日本的勢力。

　　根據經濟部的資料，台灣政府在 2021 年發行的振興 5 倍券，規模不過 1,205 億元，而台灣在 2022 年，防疫險的理賠金額就達 2,116 億元，其中光富邦防疫險的理賠金額，就高達 733 億元，國泰和中信還沒算下去，理賠金額也還在不斷上升中，預估台灣防疫險理賠總金額，最後會到達 2,500 億元左右。光這 3 大金控拿出來的錢，都比政府的振興 5 倍券規模要來得大。全民狂撒救濟金，這種連政府都辦不到的事情，3 大金控辦到了。

　　如果不是靠我們 3 大金控如此雄厚的財力，任何一家銀行，都無力負擔如此巨大的賠償金額，鐵定會跳票。兆豐產險所投保的國際再保公司 —— 漢諾威再保，不滿台灣政府大舉放寬相關理賠的證明規格，拒絕支付台灣投保的產險公司任何錢，兆豐產險就這樣認列了 50 億元的「呆帳」。「非 3 大金控，非保險也。」無法理賠保險金的保險公司，根本不夠格稱為保險公司，保險還是要挑賠得起錢的大公司，這樣才是真正的保險啊！

　　「如果沒有 3 大金控，其他台灣人就沒辦法生存下去。」這句話並不是誇大，3 大金控掌握著台灣超過一半的金融業務，3 大金控一垮，台灣人會跟著全滅。我們不過是狐

假虎威，藉著 3 大金控的威猛，抵抗大時代的趨勢，反正銀行不會倒閉。就算銀行真的會倒閉，金管會也會出手相助，就像這次的資產重分類。天大，地大，不如官府大。別人賣，我們就買，等待大時代的趨勢出現反轉之時，也就是我們賺錢的時刻到了。在那之前，請你安心的賠錢，逆勢投資本來就是如此。別再問我，跟著肥羊炒股，為何會賠錢呢？這一切都是你應得的，別煩惱那麼多，買下去賠就對了。

　　小真：「你連愛因斯坦都搬出來，分明是欺負我不會讀書，道理都隨便你們這些高知識分子瞎掰，誰來站在我們平民老百姓這一邊？」

　　肥羊：「道理本來就是由我們高知識分子隨便瞎掰啊！誰會在乎你們這些老百姓怎麼想？就像壽險業的『資產重分類』一樣，金管會就是想搞資產重分類，才會找人來開會啊！結果早就已經決定了，剩下的不過是跑完程序而已。」

　　小真：「難道金管會都不擔心開會的人集體反對嗎？」

　　肥羊：「資產重分類雖說是 2022 年 10 月才實行，但其

實在 9 月時，一堆熟悉金融的人早就都知道，而且也已經完成討論取得共識了。真正的討論是在 9 月時檯面下完成，到了 10 月搬到檯面上討論時，其實不過是跑個程序而已。」

小真：「沒有取得共識好嗎？當時不是有立委死命反對嗎？」

肥羊：「所以這位立委做了什麼？跑去『瑰季手作甜品』吃霜淇淋嗎？她其實沒有反對，她只是在刷人氣而已，用點腦袋思考好嗎？」

小真：「我不相信你，講話都太過偏激了，真實情況絕不可能如此。」

肥羊：「妳不相信，就別相信，根本沒人在乎你的想法。我現在考妳最後一題，通貨膨脹率幾時會下降？」

小真：「雖然目前美國通貨膨脹已經從 8% 降到 7%，但其實降幅很小。我想至少要持續好幾年，通貨膨脹率才會下降。」

肥羊：「不對，2023 年通貨膨脹率就會下降了。」

小真：「鬼扯蛋啦！人是不可能預知未來的，你也不可能預知，美國 2023 年通貨膨脹率會下降。就算被你猜中，也只是運氣好而已。」

肥羊：「不是未知，而是已知。美國 2022 年 3 月通貨膨脹率 8.5%，之後就居高不下，到 2022 年 10 月通貨膨脹率

7.7%，開始下降。假設 2022 年 3 月台灣便當從 100 元，漲成 110 元，漲幅 10%，但到了 2023 年 3 月，便當又從 110 元漲成 115 元，這時便當的通貨膨脹率就只剩下 4.55%（＝（115 － 110）÷110×100%）。什麼都不用做，通貨膨脹率就直接腰斬了。」

通膨時代下，愈晚學投資愈吃虧

美國其實從 2022 年 1 月起，通貨膨脹率就是 7.5%，俄烏戰爭的影響只有增加 1%，讓通貨膨脹率變成 2022 年 3 月的 8.5%。戰爭的影響，其實沒想像的大。通貨膨脹率增加，還是美國 2020 年的無限量化寬鬆貨幣政策（QE）所造成，跟俄烏戰爭無關，也跟美國聯準會的升息無關。就像一個病人反覆吃瀉藥和止瀉藥，最後只會導致永無止境的腹瀉和便祕。如果說世界經濟生病，那麼美國聯準會這位醫師，則是不斷地開猛藥，惡化世界經濟。

目前台灣股市崩盤的原因，已經跟台灣愈來愈沒有關係，而是跟美國有關係。無論是 2008 年金融風暴，還是

2022 年的聯準會惡搞升息，都是美國造成的。2020 年的新冠肺炎疫情雖然也造成大跌，但瞬間就回復了。可以這麼說，只有美國有能力造成全世界的崩盤，至於其他的國家，頂多只能造成大跌而已。世界經濟看美國，美國經濟看聯準會的心情，美國玩全世界啊！

　　小真：「物價明明就還是繼續上漲的，怎麼可能會下跌呢？」

　　肥羊：「我從來沒有說過物價會下跌，任何有腦袋的人都知道，物價只會上漲，不可能會下跌，至少我這輩子沒看過物價下跌。我說的是通貨膨脹率會下跌，雖然通貨膨脹率下跌了，但整體物價還是上漲的，請你務必搞清楚別人講的話。」

　　小真：「所以你是說，就算通貨膨脹率下跌到 2%，但牛肉麵還是從 100 元上漲到 102 元嗎？因為鈔票無限印刷，導致我們所擁有的錢一天比一天少。定存是一種慢性自殺的行為，所以大家才必須炒股。那麼通貨膨脹為何又會下降呢？」

　　肥羊：「因為 2023 年 3 月，是拿 2022 年 3 月來做比較。

既然 2022 年 3 月的比較基期『高』，2023 年 3 月算出來的通貨膨脹率，就一定會變『低』。」

小真：「太難了，我不懂。到底是誰教你這些奇怪的知識呢？學校根本沒教這玩意啊！」

肥羊：「何必要別人教呢？自己看看就懂了啊！再說是學校真的沒教，還是妳根本沒在聽呢？」

小真：「醫學系的腦袋，真不知道是裝啥的？思想超級詭異。」

⁍⁌⁍⁌⁍⁌⁍⁌⁍⁌⁍⁌⁍⁌⁍⁌⁍⁌⁍⁌⁍⁌

究竟 1 萬元比較多呢？還是 10 萬元比較多呢？如果你是問數學問題，那肯定是 10 萬元比較多。但如果你是問金錢問題，1 萬元可能會比 10 萬元還要多。在我小的時候，100 萬元可以買到很好的房子；到我 25 歲時，雲林縣虎尾鎮的新屋也只賣 400 萬元 (我當時買法拍屋 192 萬元)；而目前和我家同坪數的虎尾新屋，市價約 1,600 萬元。我知道很多人都巴望著房地產價格崩盤，但我可以很老實地告訴各位，絕不可能。或許房價會有一時性的修正，但很快就會漲得更凶。房價就像虎尾溪水一樣，滾滾向西不復返啊！

　我知道各位會希望建商破產，但如果建商破產，房地產就是落入銀行手裡，銀行會用法拍價來出售房子。法拍就是一大堆人在搶房子，以前法拍還可以到三拍（64 折），甚至四拍（51 折），愈拍愈便宜。但現在很多房地產，二拍就被搶光了（8 折）。

　我問過很多人，敢買法拍屋嗎？他們都不敢，因為怕法拍屋裡面，會有人賴著不走。也就是正常人不敢碰法拍屋，只有那些有點黑道背景，或者一身是膽的人（例如肥羊），敢買法拍屋。既然你不敢碰法拍屋市場，那就算建商破產，你也分不到任何好處。房價還是一樣無法下跌，無論房市，還是股市，膽小之人都不可能賺到錢。

　不只是房價無法下跌而已，所有的物價都無法下跌。你只要知道美國聯準會光是 2020 年～ 2022 年，就印了 4 兆美元的鈔票。你可能不太懂，這數字有什麼意義？2022 年 10 月，全美國的現金＋活存＋定存是 21 兆美元，也就是聯準會從 2020 年起，就印了全美國 19.05% 的美元（＝ 4 兆美元 ÷21 兆美元 ×100%）。我們都知道貨幣是一張紙，沒有任何價值，既然美元的數量增加了 19.05%，通貨膨脹也必須增加 19.05%，這樣才合理。

簡單來説，聯準會根本不在乎通貨膨脹，因為聯準會就是造成全世界通貨膨脹的元凶。

聯準會這次的升息，也不可能無限持續下去。很簡單，美國升息，其他國家不升息，就等於其他國家貨幣貶值。這對於其他國家的出口來説，可以説是大大的好事，目前正默默幹著這種好事的國家，就是日本和台灣。台灣一直有著「升半碼」的綽號，美國升 3 碼，台灣升半碼，意思意思一下，央行完全不在乎新台幣貶值，反正最後都會升值回來。

2023 年 1 月 30 日的台灣銀行美元的買進匯率為30.05 元，漲漲跌跌那麼久，還是離不開 30 元這個基本盤，央行又何必浪費時間，搞升息呢？日本更狠，完全無視美國升息，最後還很不情願地，在 2022 年 12 月 20日宣布將利息調為 0.5%。大家都默默地趁著這一波美元升息，偷偷貶值。

「貶值救出口，通膨救經濟，悶聲發大財啊」！美國不可能這麼善心，允許其他國家偷吃它豆腐，因此美國升息只會到一定的程度，之後就不升息了。除非全世界所有國

家，都跟美國一起升息，但至少日本和台灣，不會配合美國升息，所以美國也不可能無限升息下去。

　　為什麼我們說貶值救出口呢？要知道這世上沒有賣不出去的商品，只有賣不出去的價格；沒有嫁不出去的女人，只有嫁不出去的條件。簡單說，降低價格，商品就能熱賣，降低挑男人的條件，每個女人都能找到老公。對一個以出口為導向的國家，如日本和台灣，東西當然是賣得愈便宜，愈有競爭力。

　　貨幣貶值，提供了一個商品便宜賣的好機會。無論是日本的泡沫經濟，或是台灣錢淹腳目，之所以能夠支撐如此的榮景，其實都是因為長年的貨幣貶值，導致出口激增，深深增強日本和台灣的國力所造成。雖然後來因為貨幣升值，導致泡沫經濟崩潰，台灣錢也消失到無影無蹤，但至少證明貶值救出口，絕非空穴來風，而是有事實的依據。

　　通膨救經濟則更容易說明，以房價來講，如果你知道明年房價會下跌，你今年買不買房地產呢？絕對不買，除非你是肥羊族，才會明知房價會下跌，還繼續買房子。還好台灣這種反社會的肥羊族，只占極少數，絕大多數人腦袋

都很正常。因為你知道明年房價會下跌，所以你不買房子，建商缺錢，必須賤價出售房子，造成房價繼續下跌，你更不肯買房子，房價跌得更慘。最後的結果是，你沒有房子，因為你一直在等房價下跌；建商破產，因為房子賣不出去，最後沒有人願意蓋房子。

　　每個台灣人都住在「百年古蹟」裡面，房價很便宜，但是房子看起來就像鬼屋一樣。走在路上，到處下著瓷磚雨，從ㄅ樓搭個電梯，還會摔到地下室。沒有新屋，沒有維修，到處都是廢墟，遍地荒涼，這就是房價下跌的最終結局。這樣通貨緊縮的社會，暮氣沉沉，毫無競爭力可言，只是等著被世界淘汰而已。因此必須要有點通貨膨脹，才能拯救國家經濟，讓人民願意把錢拿出來買東西，而不是每天站著看戲。

　　政府不會在乎個別老百姓的死活，你買不起房子，是你家的事，建商蓋的房子能賣出去，才重要。把錢放在定存，只會導致國家經濟，變成一攤死水而已。必須想辦法讓這些錢流動，經濟才會繁榮，政府也才能得到稅收，這就是資金流動的概念。與其要一潭大家都存錢的死水，不如要一彎大家都花錢的流水。至於花完錢後，你會不會在龍山

寺乞討？這點小事就不用拿出來講了。

　為了台灣經濟繁榮，犧牲你也是應該的。當然，本肥羊是絕對拒絕自我犧牲的，這份「榮耀」，就留給每月花光光的年輕人吧！因此國家會不斷使用通貨膨脹，來刺激你花錢。這年頭就連年輕公務員的終身俸都已經被取消，改成「個人專戶」來給付了。你如果不炒股，以後的日子要怎麼過下去呢？這已經不是你要不要學炒股的問題，這是你必須學習炒股的問題，愈晚學習炒股，愈吃虧。

　《公務人員個人專戶制退休資遣撫卹法》規定，2023年7月1日以後初任公務人員的退休、資遣、撫卹及退撫儲金，公務人員與政府共同按月撥繳退撫儲金費用，強制提撥費率為15%，其中由政府提撥65%、公務人員提繳35%，共同撥繳至個人專戶，而公務人員也可以自願增加提繳金額至個人專戶，上限為每月本俸5.25%，而依法提繳的退撫儲金費用，不計入提繳年度薪資收入課稅。

　一次退休金是以個人專戶之累積總金額計給；月退休金以個人專戶之累積總金額，按「攤提給付」、「定額給付」、「保險年金」3種方式擇一支領。繳足購買符合保險法規

定之年金保險，作為定期發給之退休金。目前還沒有哪個年輕公務員，已經累積退撫新制 15 年的資格，所以無法得知，年輕公務員實際退休是如何領錢？但可以推測，就是政府拿你的錢去炒股，再把賺的錢拿來當你的退休金。那如果政府炒股賠錢，就算了，反正是你的退休金，與政府無關。所以無論你學不學習炒股，你都必須要會炒股，除非你根本不打算領退休金。

想在股市中獲利
要先做好最壞打算

　　山羊族的瑟登要塞，倫羊將軍和樂羊參謀正在召開軍事會議。

　　樂羊參謀：「目前肥羊王和蕃羊王已經攻下鹿角城，正朝布魯城前進，山羊王子正率領大軍救援，預計兩軍3天內，會在布魯城爆發激戰。北方榕樹橋要塞的山羊王，則遭到蒼狼王包圍，劍羊將軍想率軍從劍羊關北上救援，結果水羊王在中央大草原構築堡壘，擋住了劍羊將軍的去路，山羊王看來凶多吉少。」

　　倫羊將軍：「王死了，就換一個新王而已。煩惱山羊王之前，先煩惱我們自己吧！這裡正對著橫斷山脈，連一個肥羊族士兵都沒看到，這樣我要怎麼建功立業呢？我好想

跟隨山羊王子，去布魯城斬殺敵軍，不是我誇口，以我的劍術，萬軍之中，可以直取肥羊王腦袋。可惜了，一代軍事天才，竟然困死在這個鳥不拉屎的要塞。」

樂羊參謀：「我們瑟登要塞也是很重要，這裡正對著橫斷山脈，如果肥羊王從橫斷山脈偷襲山羊族，情況可就不妙了。我建議，應該把檢查哨往前推個5公里，這樣比較安全。」

倫羊將軍：「我們前面是橫斷山脈耶！哪個腦袋正常的羊，會走橫斷山脈？你別在那裡刁難士兵，輕鬆點，讓大家好好的休息。」

一名山羊族士兵，全身是血的衝進來。

山羊族士兵：「十萬火急軍情上報，一支打著『日照大權現』旗號的軍隊偷襲北3哨和北4哨，守軍沒有防備被全滅。北1哨和北2哨也沉默了，應該是沒任何指望。北5哨正陷入激戰，請倫羊將軍立刻派兵前去救援北5哨。」

倫羊將軍：「『日照大權現』旗號的軍隊，那是肥羊王親征啊！該死，布魯城那個方向，根本沒有肥羊族，我們都被騙了。肥羊王打算從我們這裡突破，偷襲山羊王子的後方。」

　　樂羊參謀：「倫羊將軍莫慌，瑟登要塞很堅固的，我們只要關閉城門進行防守，至少可以撐住３天。３天後，山羊王子就可以順利退回南方羊都了。」

　　倫羊將軍：「３天後，瑟登要塞被攻破，我城破殉國，進忠烈祠嗎？」

　　樂羊參謀：「身為武將，戰死沙場是本分啊！能夠在這種時間為國捐軀，這是一種榮耀！」

　　倫羊將軍：「那這份榮耀就送給你，正港是瘋到有剩。我要逃命去了，瑟登要塞由你全權指揮，好好地守住３天啊！」

　　倫羊將軍一逃走，其他將軍也跟著逃亡，士兵眼見情勢不對，也開始搶劫糧倉和錢庫，打算發筆戰爭財。當樂羊參謀打算關閉城門時，卻因為逃亡的羊潮太過洶湧，無論如何都無法關閉城門。日照大權現的軍隊，就這樣大搖大擺進入瑟登要塞，完全沒有遇到任何抵抗。

　　當天晚上，肥羊族的大司馬正打算進入瑟登要塞的臨時指揮所，禁衛長攔住了他。

　　禁衛長：「口令。」

大司馬：「山羊愛挑毛病。」

禁衛長：「大司馬好，小羊王和日照大權現，正等著您。」

大司馬：「如果我剛剛口令回答錯誤，會怎樣呢？」

禁衛長：「那我會毫不猶豫地殺掉大司馬您，屬下奉公行事而已，還請您見諒。」

大司馬：「羊都死了，最好是有辦法原諒你啦！」

大司馬進入臨時指揮所，小羊王正看著地形圖，簾子後方則是日照大權現。

大司馬：「目前部隊已經全數集結完畢，預計明天離開瑟登要塞，4 天後就可以抵達敦克河西岸，攔截撤退的山羊王子。」

小羊王：「太慢了，不是抵達敦克河西岸就沒事，我們還得構築防禦工事。這樣才能阻止山羊王子通過敦克河，撤退返回南方羊都。2 天內就必須抵達敦克河西岸。」

大司馬：「不可能的，就算每天行軍 12 小時，也需要 4 天的時間。」

小羊王：「每天行軍 24 小時，2 天內就可以抵達啦！」

大司馬：「如此的高速行軍，士兵戰鬥力肯定很低落，也會出現大量的傷患，甚至死亡。萬一中途遇到山羊族大

軍狙擊，我們會全滅的。」

　　小羊王：「不要怕疲勞而累死羊，因為疲勞而累死羊，總比行軍速度太慢，延誤戰機，損失要小得多。至於山羊族，你自己也親眼在瑟登要塞看過那群烏合之眾。那種戰力根本攔不住我們，不會有任何危險，安心啦！」

　　大司馬：「萬一來的不是烏合之眾呢？萬一來的是精銳部隊呢？小羊王，您這是拿 30 萬名士兵的命在賭博啊！我們先前已經因為護送糧食戰死 1 萬名士兵，好不容易重新徵召，補齊這 1 萬名士兵，您別把士兵的性命拿來豪賭。」

　　小羊王：「這不叫賭博，這叫做冒險犯難。」

　　大司馬：「就算沒有攔住山羊王子，我們也已經獲得非常輝煌的戰果，取得極為大片的土地。我不懂，小羊王，您為何還要如此行險？」

　　小羊王：「如果沒有攔住山羊王子，讓牠帶兵回到南方羊都，戰爭就會變成持久消耗戰，到時難保蒼狼王會動什麼歪腦筋。我們必須一口氣解決山羊王子，不能留下後患。」

　　大司馬：「如此危險的舉動，恕我不能答應，請小羊王另找高明吧！」

　　小羊王非常憤怒地盯著大司馬，眼神中露出一股寒意。

大司馬順著小羊王的眼神瞄過去，發現侍衛長正在偷偷地拔出刀子來。

　　大司馬：「如果小羊王執意要進行這種瘋狂行軍，就必須提供足夠的賞賜出來，否則任何一個士兵，都不會買帳的。」
　　小羊王：「傳令下去，只要能在大後天的天亮之前抵達敦克河西岸，所有士兵賞賜 2 隻母羊、田地 10 甲。」
　　大司馬：「有這種獎勵，就可以順利在 2 天內，抵達敦克河西岸。屬下這就退下，還請小羊王早點休息，別過度勞累。」

　　大司馬轉過身去，禁衛長已經偷偷的把劍插回去，裝作沒事的樣子，向大司馬敬禮。

　　大司馬：「我剛剛差點就晉升元帥了！（按肥羊族軍法，因公殉職者，官升 2 級。以大司馬的官階，如果「被迫」因公殉職，剛好就是元帥。）」

　　肥羊族在天亮時分，開始進行高速行軍，到了夜晚時分，視線變得昏暗不清。小羊王拿出了夜明珠，瞬間方圓 30 公

尺內，照耀得如同白天一般。由於連夜趕路的關係，許多士兵精神不濟，直接昏倒在路上，被後方「半夢遊」的士兵，給活活踩死。當抵達敦克河西岸時，所有士兵趴成一團，將軍連清點人數、布置哨兵都忘記，所有羊全部都睡死了。

大司馬後來在回憶錄中描寫：「本次的『死亡行軍』，30 萬肥羊族大軍，受傷者 1 萬 5,000 隻、死亡者 2,830 隻，還沒有接觸任何敵人，傷亡竟然就如此慘重。但小羊王不介意，牠還四處炫耀自己是多麼英明果斷，才能及時趕到敦克河西岸，擊敗山羊王子。士兵們不介意，牠們都因為能領到 2 隻母羊和 10 甲田地而高興不已；傷亡者的家屬也不介意，因為受傷者獎勵照領；死亡者的家屬，則是雙倍獎勵。目前看來，全肥羊族上下，都不介意這些傷亡。究竟是我太過多愁善感，還是肥羊族太過瘋狂呢？」

自亂陣腳，投資必定失利

打仗是會死人的，但似乎沒人知道這件事情；炒股也是會賠錢的，但似乎沒人認為自己炒股會賠錢，相當地詭異。

在 2022 年的崩盤裡，許多臉書（Facebook）社團「股市肥羊」的團員很擔心富邦金（2881）股價會跌到 30 元，害怕國泰金（2882）會倒閉。這些人提出心裡面的恐懼後，被我全部踢出社團了。

「擾亂軍心，其罪該死。」其中有不少人，是加入社團超過 3 年的元老級團員，照樣踢，沒有任何例外。比起社團人數，我更重視團員的紀律，團長在訓話時，豈能允許團員在下面唱反調。

「一步也不許後退（Ни шагу назад）！必須頑強地保護每一個據點，保衛每一寸領土，直到流盡最後一滴鮮血。」是第 2 次世界大戰中，前線戰略局勢急劇惡化時，蘇聯所下達的「第 227 號命令」，我認為這道命令放在股市中也是相通的。以必死的決心來炒股，會不會贏？我不知道。但如果你今天恐慌了，你炒股就是一定賠錢，你在社團製造恐慌的氣氛，就是讓社團 7 萬人跟著你一起賠錢。由此看來，踢出社團，只是最輕微的懲罰而已。

炒股卻沒有賠錢的決心，這樣的人，沒資格當肥羊族。身為團長，如果沒有決心整頓社團風氣，放縱團員散播恐

慌言論，這樣的人，也沒資格擔任團長。就我看來，許多大規模的股票社團，就只是人數多而已，社團紀律全無，烏合之眾罷了。外面社團每天數十篇發文，一堆人情緒激動地，日日爭辯不已。團長表面號稱民主開放，實則無能至於極點，連混進社團的詐騙集團，都不敢對付，深怕得罪人啊！

「烏合之眾，初雖有權，後必相吐，雖善不親也。」──《管子》

這句話是說，像烏鴉一樣，暫時湊合在一起的人，沒有組織、沒有紀律，只是人數很多而已。剛開始聚在一起的時候，什麼都好商量，久了就什麼都看不對眼，彼此之間互相唾棄，爭吵了起來。團體表面上雖然還維持良好的關係，但因為沒有互相信任，實際上是非常的離心離德，分裂潰散。

就像外面那群每天吵吵鬧鬧、互相唱衰彼此股票，在網路上對罵的股票社團。裡面很多人雖然看起來很和善，談論著自己的炒股經驗，也很熱心教學，但其實很多人都沒有實際炒過股票，單純靠幻想在分析股票，也沒有任何對

帳單。每個人都在心裡面質疑對方的誠信，懷疑這位股市前輩在說謊。這樣的股票社團，與其說是股票社團，不如說是每天寫虎爛小說的哈拉聊天社團。

「殺生之柄不制于主，而在群下，此寄生之主也。」──《管子》

這句話是說，領導者沒有足夠的權力整頓手下紀律。真正掌控大權的則是屬下或幕僚，這樣的領導者，可以說是依附在團體之中，被手下支配的領導者，完全就是團體的寄生蟲。就如同那群開課，搞訂閱課程的財經網紅，拚命拍粉絲馬屁，深怕他們不開心，不再繼續訂閱，送錢給財經網紅了。與其說這些財經網紅領導粉絲，還不如說是粉絲在領導財經網紅啊！

小美在訂閱課程裡面，告訴粉絲小雅：「股災來臨不恐慌，但是也要懂得停損。」「2023 年應該是先蹲後跳。」

小雅聽得如癡如醉，不僅直誇小美神準，還將心得與好

友小真分享。

　　小真:「『2023年應該是先蹲後跳』,這一句不是廢話嗎?問題是『股市幾時蹲?幾時跳?』才對吧!她講先蹲後跳,這樣不管以後股市是漲是跌,她都掰得下去。」

　　小雅:「怎麼會,小美網紅都說得很清楚,妳應該去看訂閱課程的。」

　　小真:「所以2023年,股市到底是幾時蹲?幾時跳呢?」

　　小雅:「小美網紅說,受限於法令,她不能講清楚,但她都會暗示粉絲。」

　　小真:「暗示的意思,就是故意不講清楚,讓妳們自己去瞎猜,事後再吹噓她自己很神準。『股災來臨不恐慌,但是也要懂停損。』這句話也是雙關語,她叫妳不能在恐慌時賣股票,但又要妳懂得如何賣股票,避免損失繼續惡化下去,所以股票到底是賣還是不賣呢?」

　　小雅:「小美網紅都有清楚告訴大家,股票該賣還是不賣。」

　　小真:「是啊!股票大漲,就說自己沒有在恐慌時賣掉股票;股票大跌,就說自己懂得停損,已經賣掉股票。事後看盤,天下無敵,反正她又沒有對帳單,怎麼瞎掰都可以。」

小雅：「我認為妳對小美網紅有很深的偏見。小美網紅最近教導大家如何輕鬆買新房子，就是把舊房子賣掉，拿錢去炒股票，再用現金股利來繳房租，等以後炒股大賺，就能輕鬆買新房子了。」

小真：「我咧！如果炒股大賠，她不就得在龍山寺睡覺乞討了。炒股應該是一種投資，而不是投機，我反對任何的賭博行為。」

小雅：「小美網紅還和知名作家合作開訂閱課程。如果小美網紅沒有實際炒股績效，知名作家會願意和她合作嗎？」

小真：「就是那位找人代筆寫書的知名作家嗎？她還在日本京都開民宿，不只很會賺錢，還會賺時間。把寫書的時間省下來，專心經營事業賺大錢，果真是有生意腦袋的知名作家。人只要為了賺錢，當真是什麼事情都做得出來，那種知名作家會和小美網紅合作，不意外。」

未事先評估風險，小心賺錢不成反破產

網紅話只要說得不清不楚，粉絲就會按照自己的幻想去

理解話的意思。「1 句話，10 種解釋。」只要網紅不說清楚，事後她就可以從這 10 種解釋裡面，挑選一個最符合現實的解釋，來證明自己早就已經預言了。粉絲也會從這 10 種解釋裡面，挑選一個最符合自己「幻想」的解釋。事後如果對了，粉絲高興，網紅也高興；如果錯了，網紅就會說，這是妳自己理解錯誤，我的意思並不是這樣。話不說清楚的財經網紅，就是詐騙集團。

就像嘉義東石的台灣獼猴，抱著流浪狗，在樹上一起生活。專家都認為，必須立刻救流浪狗出來，實在是太危險了。但很多老百姓卻認為，獼猴很照顧狗狗，還會幫狗狗洗澡，餵牠吃東西，何必硬要分開這對恩愛的父子呢？因此反對嘉義家畜所誘捕猴子，救出流浪狗，甚至還嗆他們多管閒事。

後來小黑狗死了，專業副教授認為，獼猴不可能餵食小黑狗，還幫牠洗澡，那群老百姓在幻想啦！台灣獼猴共存推廣協會祕書長則表示，小黑狗的死亡，不能怪到獼猴頭上。「1 隻台灣獼猴，10 種解釋。」

本肥羊只能很肯定地告訴各位，有一群老百姓在幻想台

灣獼猴幫小黑狗洗澡、餵食，並把自己的幻想看成事實，也就是傳說中的「幻視」，這是精神疾病的一種表現。操作人們的幻覺，就是如此簡單，只要有點技巧，任何人都能做到。

只要話不說清楚，網紅就永遠不會說錯話，也能永遠炒股賺到錢。比如說，某位知名的國際神童，在 2022 年的最後預言是「小心最後一週」，這句話是要我們小心什麼呢？俄羅斯又狂轟烏克蘭嗎？中國新冠肺炎（COVID-19）疫情的病人數破億嗎？還是寒流造成許多人凍死嗎？只要神童不把話說清楚，「小心最後一週」就有 10 種解釋。無論日後你如何驗證，神童的預言都不可能錯誤，簡單的話術，就是詐騙集團的常用手法。

很高興我們在前一本書《打敗疫情：1 年賺 1400 萬的肥羊養股術》裡面，成功預言到加密貨幣的崩潰，以及航運三雄（長榮（2603）、陽明（2609）、萬海（2615））的衰退。這是本肥羊有預知能力嗎？不是的，這些事情早就有跡象可循。無限印製的加密貨幣會崩潰，乃是必然；航運股衰退了幾十年，也不可能在一夜之間崛起，之後勢必會再步入衰退。興盛必定伴隨衰敗，這是自古以來世間

的真理，哪裡還需要去預知呢？根本就是已知啊！就連加密貨幣交易平台 FTX 的破產，都是早就可以預料到的。一家只賣加密貨幣的公司，市值竟然可以高達新台幣 1 兆元左右，這也真是世界奇蹟啊！牛皮吹成這樣，不破裂也很奇怪。

　　還幻想自己能夠靠短線投機一夜致富嗎？賠到破產，將是你必然的命運。奉勸年輕人一句話：「社會不是這麼簡單的。」錢如果這麼好賺，詐騙集團不會自己賺嗎？又何必教你呢？你以為詐騙集團跟你一樣，都是傻呆嗎？菜鳥總是以為自己最厲害，能夠看到別人看不到的機會。卻沒想過，別人為何願意放棄這個機會？因為這個機會有問題啊！只想賺錢，卻沒考慮過風險，這群年輕菜鳥，真的是傻呆啊！

⟡⟡⟡⟡⟡⟡⟡⟡⟡⟡⟡⟡⟡⟡⟡⟡⟡⟡⟡⟡⟡⟡⟡⟡

　　小雅：「你知道肥羊嗎？我不過是問他，國泰金會不會下市而已，他就把我踢出社團了。我心裡明明就有疑問，為何連問都不能問呢？」
　　小美：「他從以前就是這樣，以前他看診時，有個病人

要打新冠疫苗。我問他，病人身體這麼虛弱，打針會不會
出問題？他就扣我 1,000 元的薪水，鴨霸到極點！」

小雅：「你以前是肥羊手下的護士嗎？」

小美：「我是他的護士，肥羊看起來很和善，也常請大
家吃飯，表面上是個好主管。但實際上，他不喜歡護士多
話，希望我們公事上盡可能保持安靜。我如果當著病人面
質疑他的醫療處置，他就會很生氣。還有那個小蝶護理長，
晚上還會傳 Line 給我，交代工作的事情，都不用付我加班
費的咧！這兩人一搭一唱，一個白臉，一個黑臉，根本是
天作之合啊！我經常看到他們兩人一起吃飯，懷疑他們私
下搞外遇，可惜抓不到上旅館的證據，否則我一定向他老
婆打小報告。」

小雅：「醫師都很花心，搞外遇不是常有的事嗎？就算
他老婆知道他搞外遇，又能怎樣呢？誰敢得罪搖錢樹啊！
話說肥羊還真有錢，每個月都在買股票，沒停過的。」

小美：「他極限了！他以前炒股賺錢時，會習慣偷偷留
下一點錢，等大跌時慢慢買。別人崩盤時，都是一下子就
花光所有積蓄。他竟然可以從 2022 年 2 月買到 9 月，整整
買了 7 個月，真是積蓄雄厚啊！但 8 月的現金股利，已經
是他最後的防線，他耗盡最後一桶金了！看 9 月之後的股
市大跌，他卻無力加碼，就知道『肥羊財盡』囉！」

小雅：「聽說之後國泰金還要現金增資呢！肥羊死定了！」

小美：「就算是醫師，財力也是有限的，即使肥羊的生活依舊無虞，但沒有預備資金的他，也不過是股市中一隻待宰的肥羊而已。以 2022 年 9 月的股價計算，估計他的虧損至少有 700 萬元，本金愈大，虧損就愈大，活該啊！」

小雅：「開心啊！晚點一定要去別的股票社團譏笑他才行。我又不止一個社團，把我踢出社團，是不可能封鎖住我的嘴巴的。」

小美：「大家團結一致，共同對抗萬惡的肥羊，讓他知道股市的殘酷。」

股市大跌逾30%，才能借錢買股

愛罵我，就去罵啊！我又沒差，不痛不癢的。哪一次我上雜誌的時候，沒有人罵我呢？批踢踢（PTT）討厭我的人，比支持我的人還要多，我都嘛很清楚。後來我雖然弄出了一個批踢踢的新帳號，但看到批踢踢的水準，就不想去了。把短線投機者和長期投資者放在同一個論壇，擺明了就是

要讓他們彼此對罵。

　　「股市爆料同學會」在這一點就好多了，至少他們會把各家公司分開，我不會在中信金（2891）論壇裡面，看到炒陽明的人高談闊論。雖然有時難免會遇到，但畢竟是極少數，至於酸民嘛，封鎖就好了。我目前在「股市爆料同學會」的累計封鎖名單破百人、臉書封鎖名單破千人，我絲毫不介意封鎖這麼多人。大家道不同，不相為謀，光是搞肥羊族的 7 萬人，就搞不完了，哪有時間去理睬這群酸民。非我族類，其心必異。讓酸民和酸民聚在一起討論就好，要說啥隨便他們，我不介意。

　　「在沒有能力買鞋子時，就借別人的，這樣會比打赤腳走得快。」──《塔木德》

　　炒股搞到財力消耗殆盡，這就表示你該去跟銀行借錢了。我們為什麼買金融股呢？就是因為這些大型股票，都可以拿去股票質押換成錢出來，繼續炒股，1 檔股票剝 2 次皮。

　　至於小型投機股，比如說北極星藥業 -KY（6550），銀行可是拒收的。所以當你從 2022 年 9 月 22 日的收盤價

215元，一路買到2022年10月26日的收盤價84.1元，耗盡所有家產。你打算孤注一擲，拿北極星藥業-KY去找元大金控借錢，可是會被金控直接趕出去的。

元大金控旗下有元大銀行、元大證券以及元大證金，這3家都可以借錢。我個人是找元大證券借錢，但網路上也有人推薦元大證金，這點可以依據各位讀者喜好，自行決定。

目前（2023年4月）元大證金可以質押的股票和ETF，共有108檔。就算全部講出來，你應該也記不清楚，徒然製造混亂而已。簡單的說，就是大公司和大型ETF可以質押，小公司、小型ETF和基金都不行，細節還是得自己上元大證金網頁觀看，元大證金是最多網友推薦的借錢好所在。當然，如果你想找其他銀行借錢，請自便，我絲毫不干涉。

股票質押的借款金額，以前一天收盤價的60%計算。比如說：本肥羊想借1,000萬元，就得先擁有1,667萬元（＝1,000萬元÷60%，四捨五入至萬元）的股票市值。這時你的維持率就是166.7%（＝市值1,667萬元÷貸

款 1,000 萬元 ×100%）。

　　通常維持率低於 140%，營業員就會提醒你，但你可以不用理他。當維持率低於 130% 時，這時你只能選擇增加擔保的股票、還錢，或者賣掉部分的股票。如果你繼續抗拒下去，營業員就會替你自動賣掉股票，完全不過問你的意見，俗稱「斷頭」。這時的股價大約是下跌 22.02%，也就是原先股價的 77.98%（＝130%÷166.7%×100%）。如果你的股票天天跌停，你大概第 3 天就斷頭了。股票質押是門技術活啊！

　　如果你用 1,667 萬元的股票，下去質押 1,000 萬元，再把這 1,000 萬元拿去買股票，這時你可以達到的最高維持率會是 266.7%。當然，有人會建議你拿這 1,000 萬元再去質押借 600 萬元，繼續買股票。我個人不建議這種行為，風險太大了，股票質押一次就好，再次質押根本是賭命的行為。

　　以 2,667 萬元的股票要掉到維持率 130%，股價大約是下跌 51.26%，也就是原先股價的 48.74%（＝130%÷266.7%×100%）。目前台股已經有 15 年，沒

出現過這種腰斬的跌幅。

　　如果你是股市大跌逾 30% 才股票質押，也就是加權指數的 70%，炒股就必須下跌 65.88%，也就是原先股價的 34.12%（＝ 48.74%×70%），你才會斷頭。這就是 2000 年阿扁大崩盤的水準，台股加權指數從 2000 年 2 月的高點 1 萬 393 點，跌到 2001 年 9 月的低點 3,411 點，下跌 67.18%，也就是原先股價的 32.82%（＝ 3,411 點 ÷1 萬 393 點 ×100%）。

　　考量到我們還有工作的收入，稍微補貼一下股票的損失，幫你度過這段崩盤時期。只要你在股市大跌逾 30% 時才股票質押，就算遇到阿扁大崩盤，你也能順利活下來，沒問題的，很安全啦！至少我個人認為很安全，至於你怎麼想，我管不著。

　　但如果你沒有工作收入，單純靠著炒股就想發財，崩盤來臨時，記得去龍山寺占個好位子。這樣無論是要討錢或是討便當，都會很方便。當你自認為股票收入足以養活你自己，你很高興地聽從財經網紅的言語提早退休時，你就是拿自己的一輩子在跟股市拼輸贏，財經網紅則是開心數

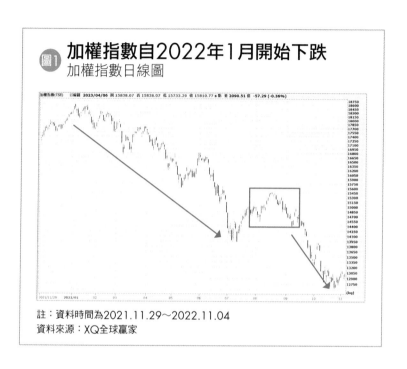

圖1 加權指數自2022年1月開始下跌
加權指數日線圖

註：資料時間為2021.11.29～2022.11.04
資料來源：XQ全球贏家

你訂閱課程繳的錢。或許崩盤後，股市依舊可以回到原先的水準，但被斷頭的你，注定只能一輩子住在龍山寺。

　台灣股市在 2022 年 1 月 5 日加權指數 1 萬 8,619 點創下高峰後，就一路下跌（詳見圖1）。之後出現小幅反彈，到了 7 月 21 日收盤 1 萬 4,937 點，一直到 2022 年 9 月 13 日收盤 1 萬 4,894 點，加權指數都在 1 萬 5,000

點附近震盪（詳見圖 1 藍框處），維持了近 2 個月。之後，就是一路跌了。但這樣的跌勢，其實很不合理。

　認真說來，2022 年 9 月有什麼利空嗎？其實沒有，無論是俄烏戰爭、通貨膨脹、美國聯準會（Fed）瘋狂升息、防疫險大賠錢等，這都是早就知道的「舊」新聞。那有啥「新」新聞嗎？有的，金融股資產重分類的謠言，此刻正在四處蔓延。沒有新的利空，股市卻大跌；有新的利多，卻還沒有正式發布，這其實就是一個很好的買點。有買點，卻沒有錢，該怎麼辦呢？就是向銀行借錢。

　我衡量了一下可能的借錢方式。房屋貸款不可能，有我老婆擋著，誰都別想動她名下的房子。其實我 2008 年也想借錢炒股，但一樣被老婆擋住，家和萬事興，我不想因為借錢炒股的事情，跟老婆鬧到翻臉。重點是鬧到翻臉，老婆也不會理我，無法教育啊！至於我，因為醫師職業的關係，名下不習慣放財產，這樣才能避免醫療糾紛時，家屬在那邊獅子大開口。天大，地大，不如沒錢最大。人肉鹹鹹（註 1），沒在怕啦！

　這時我想到一個人可以借錢──我兒子。我兒子此時名

下擁有 1,831 萬 6,400 元的股票，詳列如下：

1. 中信金 32 張，以 2022 年 9 月 29 日收盤價 20.05 元計算，價值 64 萬 1,600 元（＝ 20.05 元 ×32 張 × 每張 1,000 股）。

2. 國泰金 231 張，以 2022 年 9 月 29 日收盤價 40.15 元計算，價值 927 萬 4,700 元（＝ 40.15 元 ×231 張 × 每張 1,000 股，四捨五入至百元）。

3. 富邦金 167 張，以 2022 年 9 月 29 日收盤價 50.3 元計算，價值 840 萬 100 元（＝ 50.3 元 ×167 張 × 每張 1,000 股）。

把兒子名下所有股票加起來，合計共有 1,831 萬 6,400 元（＝ 64 萬 1,600 元 ＋ 927 萬 4,700 元 ＋ 840 萬 100 元）。

雖說是我兒子，但他如果不聽我的話，我也是不可能向

註1：人肉鹹鹹為台灣俚諺語，指「要錢沒錢，要命一條」。

銀行進行股票質押，畢竟是用他的名義借錢。我從兒子 7 歲時，就教導他如何炒股，他今年 23 歲，算算他已經擁有 16 年的炒股資歷，所以他很高興地接受了這個提議。還四處炫耀他年紀輕輕，就已經負債 1,000 萬元，輕鬆解鎖人生一大成就。畢竟「危機入市」，這是連 7 歲小孩都懂的道理，不需要解釋太多。如果你無法理解，崩盤時為何要借錢炒股？可能你得回國小重讀才行。

　　搞定兒子後，就得搞定元大證券。我和元大證券一共談判了 3 天，最後得到的答覆是利息 2%，視市場利率調整，只需付利息，不需付本金，無還款期限，也就是可以借一輩子。案子最後是送台北，由元大證券總經理親自簽名，搞定談判後，貸款就很快速了。元大證券的規定是，股票質押最慢 24 小時內必須入帳，如果是 10 點之前質押，下午 1 點之前，錢就會下來。3 個小時弄到錢，真的是很有效率，得誇讚一下才行。

　　我是 2022 年 9 月 30 日拿到 1,000 萬元就直接買了，當天花光光，只留 15 萬元繳利息。我習慣一次重壓，沒有分批買進的習慣，你之所以經常看到我分批買進，那是因為薪水是每個月下來的關係，我通常是有多少錢就買多

少股票，預備資金不會留太多，50 萬元～ 100 萬元而已。

　　事情決定了，就立刻去做，絕不浪費時間評估半天，是我多年來當醫師養成的習慣。急診醫師的病人，隨時會死掉，可沒有時間讓你慢慢思考診斷，做出最好的治療喔！快速比完美更加重要，身為急診醫師，你只有 3 分鐘的時間思考，因為病人 3 分鐘後就死了，之後就是家屬抬棺抗議。行動緩慢的急診醫師，根本無法在醫界生存下去。

　　回到股票質押，我的利息是每月 1 萬 6,700 元（＝ 20 萬元 ÷12 個月，四捨五入至百元），這只是概估數字，實際上的利息是以天數計算，每個月都會不一樣。但我認為沒必要解釋到這麼詳細，大家有個概念就好。

　　另外，股票質押是要收錢的，1 張股票收 1 元，只收一次。我抵押了中信金 32 張、國泰金 231 張、富邦金 167 張，合計 430 張，共收取 430 元的保管費。從這裡可以看出來，抵押高價股票會比較划算，保管費甚至於能壓縮到 43 元。但我想執著於這種 430 元的小錢，也實在是有失氣度。很多人會問：元大證券收了我多少手續費？答案是免費，但我知道有些金控會收手續費，這得看各家金控規定，即

使同樣是元大證券，每個人談出來的條件也不一樣。

也有人質疑，股票質押可以無期限嗎？其實正確的說法是，股票質押期限一到，元大證券就幫你續約，所以感覺起來，就是可以無限期借款。除非你信用很糟糕，否則我還真想不出來，元大證券為何不讓你續約？

推薦股票質押的場所有元大證券、元大銀行、元大證金、國泰世華商業銀行、凱基證券，你要找別家借錢也可以，這是你的自由。要特別提醒的是，元大一共有 3 家（元大證券、元大銀行、元大證金），這 3 家的利息和規矩都不同，請務必注意。

我是找元大證券，不過聽說元大證金更便宜，也許還有其他利息更低的銀行，這裡只是提供一個參考而已。每個人跟銀行談判的結果都不一樣，如果元大證券拒絕給你相同的待遇，我也只能請你節哀了。

還清債務前，絕不二次股票質押

滿多人都恭喜我，買在 2022 年 9 月 30 日的低點，真

是好眼光，其實這是以「事後」的觀點來看啊！以「當時」的觀點來看，2022 年 9 月 30 日的加權指數收盤 1 萬 3,424 點，真正的最低點是出現在 2022 年 10 月 25 日，加權指數收盤 1 萬 2,666 點。

從我買進到最低點為止，加權指數總共下跌了 758 點（＝ 1 萬 3,424 點－ 1 萬 2,666 點），跌幅 5.65%（＝ 758 點÷ 1 萬 3,424 點× 100%）。從這個角度來看，2022 年 9 月 30 日實在不是一個好的買點。很多粉絲都問我：「當時如何知道要在低點買進呢？」我如果當真知道，就不會買在 2022 年 9 月 30 日，而是買在 2022 年 10 月 25 日。

真實的股票操作，就是你什麼都不知道，你只能選擇買股票或繼續看戲。下跌時買股票，你會賠錢，但之後就會賺錢了。如果你選擇看戲的話，你這輩子就廢了，可以趁早退出股市，省得丟人現眼。「賠錢或是不賠錢？這是個大問題。」

炒股沒有太多技巧，硬要歸納的話只有 3 條：1. 勇於買股票；2. 勇於賠錢；3. 勇於塞住家人的嘴巴，這就是股市

賺錢的 3 大技巧。常看到很多人說他家很民主，炒股都是夫妻共同決定。每次聽到這句話我都覺得，已經看到一個傻呆快要賠錢了。民主是無法炒股票的，專制獨裁才行；理性溝通也不可能討論出任何東西，一意孤行才能做出好的決定。

有很多人問我：如果股票再跌回 2022 年 9 月 30 日的價位，我會再借一次錢嗎？我這個人是絕不討論未來的，我認為爭辯這一點沒有意義。就算之後有一天，股票又回到了 2022 年 9 月 30 日的價位，我也得看看我當時持有的股票，公司每年獲利多少？不過這個問題，後來也給出答案了。我在 2023 年 3 月 16 日借款 1,200 萬元，目前賺了不少（詳細數字請看 Chapter 07）。

2022 年因為是崩盤年，所有的股票齊跌，那就是依據災難選股原則，全都買了。但如果 2025 年，富邦金又出現 49.75 元的價位，我得先看看富邦金那一年的獲利多少，才能知道 49.75 元這價位值不值得買。也許富邦金從 2022 年以後連衰 3 年，那麼我是不會在 49.75 元這麼高的價位買富邦金。如果富邦金當真如此帶衰，我會果斷賣掉它，就如同我在 2010 年果斷賣掉中鋼（2002）一樣。

已經步入下坡的公司，沒必要再長期投資。攤平成本絕不是我的第一考量，公司的競爭力最重要。

　　如果你是要問：加權指數如果在 1 年內跌回 1 萬 3,424 點，我會不會再借錢炒股？真是傻呆啊！都知道加權指數會跌回 1 萬 3,424 點，你現在放空不就好了。但就算加權指數跌回 1 萬 3,424 點，中信金也不會跌回 19.9 元。依照目前中信金的強勢，我看加權指數至少得跌到 1 萬 2,500 點，中信金才有可能回到 19.9 元。

　　一樣的加權指數，不表示股票價格就會一樣。我隨時隨地都會在股票價格大跌時，進場買股票，別人拋棄股票時，就是我進場撿股票的時候。但我通常都會庫存一點現金，要等現金耗完，才會跟銀行借錢。耗完現金的過程，大約是 6 個月。當然，計畫趕不上變化，但至少這本書出版時，我不會借錢第 3 次。因為元大證券禁止我在 6 個月內還錢，至少得等到 2023 年 9 月 16 日才能還。沒有還錢，就沒有借錢，這是千古不變的鐵則。借款沒還清，就二次借款，這是傻呆的行為，你等著房屋被法拍或乞討吧！

　　每一次的大漲，都需要時間來整理，才能再次上漲；每

一次的大跌，也需要時間來整理，才能再次大跌。像崩盤
這麼大規模的事件，至少得需要 1 年的時間，才有可能再
次崩盤。這是我個人的經驗之談，沒有任何依據，信不信
隨你。

　　借錢是一種很高雅的行為，因為你借得起，不是每個人
都能跟元大證券借到 1,000 萬元。也因為你還得起，這證
明你是個有信用的人，有借有還，下次要借 2,000 萬元就
不難。如果你要光靠自己的本金去炒股，那你平時就得留
很多的錢下來才行。但預備資金如果保留太多，炒股效率
就會變得很差；預備資金如果保留太少，崩盤時又沒錢炒
股。這時向元大證券借錢炒股，不失為解決問題的一個好
方法。

　　當然，這個做法得看人，不是每個人都能這樣搞的。我
行，未必你就行，借錢之前，請務必三思，你家被法院拍賣，
本人概不負責。

當人人恐慌之際
反而是進場好時機

　　山羊王子率領大軍抵達敦克河東岸後，開始對肥羊族的西岸防禦陣地發起猛攻，試圖突破封鎖，回到南方羊都。小羊王下令炸開上游的水壩，滾滾洪水就這樣把正在渡河的山羊族士兵直接沖入大海。已經登上西岸的山羊族士兵，則全數遭到俘虜，被大司馬逐一鞭打，仔細拷問情報。

　　山羊王子不死心，在洪水退去後，又發動第二波攻勢，順利在敦克河西岸建立灘頭堡。小羊王下令，在陣前釋放所有山羊族俘虜。由於這群山羊族俘虜遭受到肥羊族不人道的待遇，一被釋放後，立刻往山羊族的灘頭堡衝過去。

　　防守西岸灘頭堡的山羊族士兵，看到失散的同袍回來，

趕快打開大門迎接。然而俘虜裡面，其實混著肥羊族的大司馬以及一群肥羊族精銳，山羊族的西岸灘頭堡就這樣，被肥羊族摸了下來。由於天色已晚，位於東岸的山羊王子下令全軍休息，打算明天再戰。

當天晚上，小羊王率領敢死隊渡過敦克河，襲擊山羊族的東岸大營。肥羊族士兵們，穿上山羊族的鎧甲，拿著山羊族武器，頭上綁著一條黃絲帶。見羊就砍，遇營寨就放火，還高聲喊著：「肥羊族奇襲！」

由於天色昏暗，山羊族士兵分不清楚誰是山羊族，誰是肥羊族，竟然自相殘殺起來。山羊王子躲在營寨裡面，卻被流箭射中右手臂，劇痛之下，用嘴巴咬著枕頭，不敢發出任何聲音。當黎明即將來臨之時，肥羊族突擊隊撤退，大司馬則砍下山羊族的大旗，帶回去作紀念。

一連 3 次敗戰，山羊族已無力反擊，困死在敦克河東岸。這一天，肥羊族的大鴻臚前來晉見山羊王子，要求談判。

大鴻臚：「山羊族已經不可能渡過敦克河回到南方羊都，山羊王子，你還不投降，莫非是想等蓄羊王從布魯城趕過

來，讓你被包圍得更緊嗎？」

　　山羊王子：「我也想投降啊！但怕被肥羊族滅國。」

　　大鴻臚：「肥羊族之所以出兵討伐山羊族，全是因為山羊王哄抬糧價，導致肥羊族進攻北方狼都失敗，特地來討個說法而已，並沒有打算滅掉山羊族這個國家。」

　　山羊王子：「我也知道父王這樣做不對，我願意代替父王向肥羊族道歉。」

　　大鴻臚：「道歉就免了，只要山羊王下台，我們願意支持山羊王子登基為王，兩國以敦克河為界，永結同盟。」

　　山羊王子：「那等蕃羊王過來，我就正式宣布投降。」

　　大鴻臚：「等蕃羊王過來，肯定又要分一杯羹，對我們兩族有什麼好處呢？這樣吧！敦克河以東的土地，我們不要了。只要你把瑟登要塞和敦克河以北的土地，割給肥羊族就行了。」

　　山羊王子：「這條件訂得真是不錯，那就這麼說定了。」

　　於是大鴻臚端來一杯酒，用刀割了一下自己的手指後，將鮮血滴進酒裡面。山羊王子見狀，也同樣用刀割了自己的手指，將鮮血滴進酒裡面。雙方歃血為盟，指著敦克河發誓：「如有謊言，願被五雷轟頂，天地同誅，生生世世淪為畜生道。」

　　盟約既成，山羊王子投降，小羊王率領肥羊族大軍來到敦克河東岸，立山羊王子為新山羊王。小羊王尊稱新山羊王為大哥，自己則是小弟，兩國永結兄弟之盟。小羊王宣布，等今天武器和鎧甲清點結束，明天所有的山羊族士兵都能回到南方羊都，還贈送 3 天份的糧食。願意加入肥羊族的山羊族士兵，一律官位晉升一級，頒發 1 個月薪水作為獎金。所有山羊族士兵歡聲雷動，大家都很開心，明天就可以回家了。

　　當天晚上，肥羊族士兵趁山羊族熟睡時衝進營帳，瘋狂的亂砍一通。當太陽升起時，山羊族的屍體數量竟然超過百萬隻，屍體堆綿延長達數公里，歷史學家將這堆屍體取名為「京觀」。

　　當蕃羊王趕到敦克河，看到京觀時，震驚不已。還沒跟小羊王打個招呼，就連夜率軍逃走，深怕自己也會遭到肥羊族毒手，成為犧牲品。為了感恩蕃羊王的幫忙，小羊王將敦克河以東的土地，贈送給蕃羊族作為回報，並派遣大鴻臚通知蕃羊王這個喜訊。

　　雖然敦克河之戰，以肥羊族的完全勝利作為結果，但日

照大權現（肥羊王）病了，不久後便去世。由於戰爭還在持續，各地仍有山羊族的反抗勢力，為了避免日照大權現的去世影響戰局，小羊王把日照大權現的屍體放在車上，並在車上四處掛著虱目魚乾和烏魚子，掩飾屍體的味道。日照大權現的遺體，就這樣坐著車子，伴隨著虱目魚乾以及烏魚子，繼續四處督戰。

其實這整篇文章，從頭到尾的主旨，都只有一個——「謊言」。無論是摸下敦克河西岸的灘頭堡、奇襲東岸的山羊族大營，或者誘騙山羊王子投降，甚至連日照大權現（肥羊王）的死亡，都是在說謊啊！就連大鴻臚詛咒自己淪為畜生道的誓詞，也是謊言。發誓如果會靈驗，台灣人早就

全都死光了！世上沒有不說謊的人，只有不承認自己說謊的人。只要不承認自己說謊，你就沒有說謊，多麼簡單的誠實小技巧啊！

　　曾經有人問我：「為何不喜歡跟別人交際，而是每天關起門來搞自閉呢？」因為我實在是受不了，那種滿口都是謊言的人際關係。你說謊是你家的事情，為啥我得陪你一起說謊呢？簡直是莫名其妙啊！我常跟護士說：「任何事情只要妳敢問，我就一定敢回答。如果妳覺得這回答有貶低妳的嫌疑，那妳一開始就不應該問。我向來只說實話，會刺傷人的實話。」

───────────────✦✦───────────────

　　小真：「我覺得你跟銀行借 1,000 萬元炒股，很不應該，這是投機取巧的行為。你身為長期投資派的大老，應該要像股神巴菲特（Warren Buffett）一樣，絕對不借錢投資。」
　　肥羊：「如果我像巴菲特一樣，14 歲時名下就有 16 甲土地，還有個當眾議員的老爸，確實是沒必要借錢投資。但可惜我老爸只會喝酒，每天躺著不工作，我媽又堅持投資詐騙集團。祖上無德，沒有留下足夠的遺產，姑姑貴為

董事長夫人，卻只會隔岸觀火，完全不管我家死活。人窮膽識高，只好冒點險來借錢炒股。我不是選擇冒險，我是根本沒得選擇，只能冒險啊！」

小真：「你說的是以前你住貧民窟的年代，但現在你已經有錢了，沒必要冒這個險。」

肥羊：「家產都沒破億元，哪裡有錢啊！為了後代子孫，我得拚命點，才能保翁家百年無憂。」

小真：「借錢炒股是不對的行為，像我從不借錢炒股，只買不賣，這樣才是長期投資的標準做法。」

肥羊：「請問如果中信金（2891）股價漲到 50 元，妳也不賣嗎？」

小真：「不賣，我堅決投資中信金，投資績優企業，長期持有股權的利潤，遠大於短線投機的獲利。」

肥羊：「要我就賣了，但我不會全賣，我會賣掉一半。之後如果中信金股價跌回 22 元，反正我已經賣掉一大半，成本都拿回來，後面漲跌就隨便囉！我不在乎。」

小真：「這感覺不太對，長期投資派大老，竟然在鼓吹短線投機。」

肥羊：「我在 50 元賣掉一半的中信金，我就是穩賺不賠；妳不賣中信金，妳就是在賭中信金會繼續漲。如果說我是穩賺不賠的短線投機，你就是純粹賭博的長期投資。」

小真：「好吧！這解釋我能理解，畢竟你長期投資都賺到錢，沒理由不賣股票。100% 機率賺錢，總是比 50% 機率賺錢要來得更加可靠。」

肥羊：「賣掉自己的持股，這不就是短線投機嗎？為什麼妳又可以認同呢？」

小真：「因為你持有中信金很久，而且你還保留一半的中信金，雖然操盤手法詭異了點，但長期投資的精神依舊沒變。」

肥羊：「所以妳的意思是，只要有足夠的利潤，就可以進行短線投機了。」

小真：「可以，但我們金融股沒有這麼大的利潤，所以不用進行短線投機。」

肥羊：「也就是說，只要金融股有這麼大的利潤，就可以進行短線投機了。」

小真：「沒錯，炒股就是為了賺錢。哪有穩賺的短線投機不賺，跑去搞不一定賺的長期投資，我又不是傻呆。」

肥羊：「那麼 171 萬 4,000 元算不算很大的利潤？我可以短線投機嗎？」

小真：「這數字是可以啦！人為財死，應該的。」

肥羊：「那我借 1,000 萬元炒股，賺了 171 萬 4,000 元，這樣為何不行呢？」

小真：「借錢炒股是短線投機的行為，當然不行啊！」

肥羊：「可妳剛剛說只要有足夠的利潤，就能短線投機，妳講話自相矛盾了。」

危險與否是看股票類型，不是炒股手法

總是有人跟我說：「買股票是一種長期投資行為。」我聽到都是笑笑，炒股就炒股，扯啥長期投資？給我足夠的利益，我可以出賣任何人，只要你付得起這個價碼。

當年寫書的時候，編輯一直希望我寫「存股」，可是我一直很堅決地要改成「炒股」，就是想要讓大家明白，我們炒股就是為了賺錢，絕不是為了搞啥長期投資。只是我們的流派，用長期投資來解釋會比較好懂，但肥羊流派絕對不是長期投資派，你看用字遣詞，就可以知道兩者是有差別的。

還有網友跟我說：「炒股是犯法的行為。」真是笑話，你是檢察官？還是律師？犯不犯法，你說了算喔！一群不

自量力的酸民，連理睬都是浪費時間啊！

　這次向元大證券股票質押，借 1,000 萬元的炒股計畫，獲利多少呢？由於股票操作錯綜複雜，以下簡化計算，並四捨五入至千元。這雖非最正確的答案，但也差不了多少。

1. 中信金（2891）：

　2022 年 9 月 30 日買進價 19.9 元，2022 年 12 月 1 日賣出價 22.8 元，張數 110 張，獲利 31 萬 9,000 元（＝（22.8 元－ 19.9 元）×110 張 × 每張 1,000 股）。

2. 國泰金（2882）：

　2022 年 9 月 30 日買進價 39.75 元，2022 年 12 月 1 日賣出價 44 元，張數 55 張，獲利 23 萬 4,000 元（＝（44 元－ 39.75 元）×55 張 × 每張 1,000 股）。

3. 富邦金（2881）：

　2022 年 9 月 30 日買進價 49.75 元，2022 年 12 月 1 日賣出價 60.6 元，張數 110 張，獲利 119 萬 4,000 元（＝（60.6 元－ 49.75 元）×110 張 × 每張 1,000 股）。

借 1,000 萬元炒中信金、國泰金和富邦金，合計獲利 174 萬 7,000 元（＝ 31 萬 9,000 元＋ 23 萬 4,000 元＋ 119 萬 4,000 元），但要扣除元大利息成本 3 萬 3,000 元，因元大利息是以日計算，這種算法太瑣碎，我們統一以月計算，故數字會有點出入，實際上是 171 萬 4,000 元（＝ 174 萬 7,000 元－ 3 萬 3,000 元），投資報酬率約 51 倍（＝ 171 萬 4,000 元 ÷ 3 萬 3,000 元－ 1）。一想到這些錢都是跟元大證券借來的，完全是買空賣空，無本炒股就是爽。

∽·⌒·∽·⌒·∽·⌒·∽·⌒·∽·⌒· 🐉 ·∽·⌒·∽·⌒·∽·⌒·∽·⌒·∽·⌒·∽

小真：「我是說穩賺的可以賺，像你中信金股價漲到 50 元，你要賣掉一半，收回所有成本，這樣的做法，我可以接受，畢竟這是 100% 賺錢的操盤手法。但借錢炒股，不確定的風險太多了。你不能因為自己事後賺到 171 萬 4,000 元，就說借錢炒股很穩，這是事後諸葛的說法。」

肥羊：「但我是 2022 年 9 月 30 日就借錢，所以應該是事前諸葛的說法。我是先操作，再給說法，跟那群事後操盤，對帳單全無的財經網紅，水準是完全不一樣的。」

小真：「那你當時為什麼不詳細解釋，而是現在才想到

要解釋呢？」

肥羊：「我當時解釋，妳會聽嗎？我現在靠借錢炒股賺了 171 萬 4,000 元，妳都不聽我解釋了。我當時如果講太多，不就等著妳來吐我槽而已？再說我當時在臉書（Facebook）社團『股市肥羊』和『股市爆料同學會』講了整整 1 個月，也被人吐槽了 1 個月，妳怎能說我都沒解釋呢？」

小真：「借錢炒股，等於是把炒股的風險加倍，這樣太危險了。」

肥羊：「不是風險加倍喔！我的總股票資產大約在 4,000 萬元左右（老婆＋兒子，我名下零資產），借 1,000 萬元炒股，只是風險增加 25% 而已（＝1,000 萬元 ÷4,000 萬元 ×100%）。就算我硬逼老婆簽名，把股票質押到滿，也只能借 2,400 萬元（＝4,000 萬元 ×60%，股票質押最多借 6 成），風險增加 60%（＝2,400 萬元 ÷4,000 萬元 ×100%）。妳所謂的風險加倍，根本是太過誇大的說法。由於當時的股票市值變動激烈，很難說出確定的股票資產數字，最嚴重的時候，總股票資產還曾縮水到 3,600 萬元以下。」

小真：「不管怎樣，風險確實增加了，這樣我是不能接受的。」

肥羊：「請問 100% 機率的風險，2 倍風險是多少呢？」

小真：「200% 啊！你當我是傻呆嗎？」

肥羊：「不對，機率還是 100% 喔！因為機率最高就只有 100%。那請問 0% 機率的風險，2 倍風險是多少呢？」

小真：「還是 0% 啦！你別想拐我第 2 次。」

肥羊：「你都知道風險是零，還在擔心什麼？『大到不能倒』是金管會親口掛保證的。都知道風險是零，妳還有啥好猶豫的？妳不會因為借錢炒金融股而增加自己的風險，因為大到不能倒的銀行，風險本來就是零。妳也不會因為用現金炒電子股，就變得安全，像特斯拉（Tesla）股價大跌、蘋果（Apple）砍單，電子股變數太多了。危不危險是看妳投資什麼類型的股票，不是看妳有沒有借錢炒股。」

小真：「銀行不會倒嗎？如果來波金融海嘯呢？」

肥羊：「靠金管會救啊！妳沒看到這次的資產重分類嗎？有金管會護航，妳還嫌不夠嗎？」

小真：「如果中國打過來呢？難道金管會還有辦法救嗎？」

肥羊：「如果中國打過來，妳該煩惱的不是股票賠錢，而是如何逃難？不過像妳這種無權無勢的傢伙，就算僥倖逃到美國，也只是在紐約當乞丐而已。還不如待在台灣，靠共產黨配給的食物，過著吃不飽餓不死的生活。像戰爭這麼大格局的問題，輪不到妳這種下層階級的人煩惱，安

心地去囤積白米、醬油、衛生紙和礦泉水吧！」

　　小真：「所以你刻意忽略了中國打過來的風險，因此銀行倒閉的機率並不是零。」

　　肥羊：「就算在意又能怎樣呢？反正妳啥也改變不了。醫界有句話：『如果你無法改變臨床的治療方式，就不用浪費時間去研究病人到底是得了什麼疾病？總要把醫療資源，花在最有價值的地方，而不是淨搞些無效醫療。』只有能夠改變的事情，才需要妳的煩惱；不能改變的事情，就應該輕鬆面對。無視危險不是一種鴕鳥態度，而是為了把時間花在更值得浪費的地方。」

　　小真：「可是我真的很煩惱啊！」

　　肥羊：「給妳一個建議，去看精神科，妳需要的不是如何炒股，而是如何去穩定妳自己的情緒。否則在股市崩盤前，妳會先因為過度憂鬱而住進精神病院。這是一位專業醫師所給予妳的專業醫療建議，妳有病，該看醫師了！」

　　其實認真說來，我就算拿現金股利去繳元大證券的利息，也沒問題。我 2022 年領取的現金股利為（以 2022 年兒子＋老婆除權前的股票張數計算，採四捨五入至千元）：

1. 中信金：

每股配發現金股利 1.25 元，持有 788 張，共領取 98 萬 5,000 元（＝ 1.25 元 ×788 張 × 每張 1,000 股）。

2. 國泰金：

每股配發現金股利 3.5 元，持有 221 張，共領取 77 萬 4,000 元（＝ 3.5 元 ×221 張 × 每張 1,000 股，四捨五入至千元）。

3. 富邦金：

每股配發現金股利 3.5 元，持有 152 張，共領取 53 萬 2,000 元（＝ 3.5 元 ×152 張 × 每張 1,000 股）。

將三者加總，合計領取現金股利 229 萬 1,000 元（＝ 98 萬 5,000 元＋ 77 萬 4,000 元＋ 53 萬 2,000 元）。就算把這個現金股利打個 5 折，也還有 114 萬 5,500 元，足夠支付元大每年 20 萬元的利息錢。我在借錢時，雙方約定好可以不用急著還本金，事實上當我還錢時，元大證券經理還嫌我還錢太快，希望我能繼續借下去。一堆人老是叫囂說我這樣借錢炒股很危險，我實在不知道危險在哪裡？如果真要讓這群人感到安心，大概只有定存能夠做到。

投資有賺有賠，應保持平常心

　　「有一種疾病叫做『慮病症』，有這種病的人會不斷擔心自己的身體狀況出問題。比如說：小明尿尿有泡沫，就擔心自己腎功能出問題，跑去做尿液檢查，發現蛋白尿是一個『＋』號，就非常確定自己真的有腎臟病。之後去收集 24 小時尿液，發現檢驗數值是 30 mg/dl，就更加肯定自己一定是腎臟病。

　　小明每天煩惱自己以後會腎臟衰竭，每週需要洗腎 3 次，就開始購買各式各樣顧腎臟的保健食品。結果吃了沒效，就再買更多、更新的顧腎臟保健食品。

　　其實啊！真正的答案，就只是小明剛跑完 3,000 公尺而已。因為小明沒跟醫師講，他每天早上習慣跑 3,000 公尺，醫師又喜歡早上收集尿液，所以怎麼測都會是微量蛋白尿。根本不值得一提的小事，卻被小明每天煩惱，這其實就是一種精神疾病，算是憂鬱症的一種，該看心理醫師囉！」

　　我現在模仿上面這段話的格式，稍微修改一下，就成了一篇新的文章：

　　「有一種疾病叫做『股票憂慮症』，有這種病的人會不斷擔心自己的股票出問題。比如說：小明看到富邦金防疫險賠錢，就擔心富邦金出問題，跑去看富邦金的財報，發現防疫險愈賠愈慘，就非常確定富邦金真的有問題。之後他繼續追蹤財報，發現富邦金持有的美國債券價格大跌，富邦金淨值也大幅滑落，就更加肯定富邦金一定是快倒了。

　　小明每天煩惱富邦金倒閉以後，自己持有的富邦金股票會變成壁紙，就全部賣光了。之後開始詢問各式各樣的股市前輩意見，購買各式各樣的訂閱課程，結果訂閱課程買了還是照樣賠錢，就再買更多、更新的財經網紅訂閱課程。

　　其實啊！真正的答案，就只是股票正常的賺賠週期而已。因為富邦金防疫險賠錢，產險價格被往上調漲了，金管會又鼓勵產險公司調高價格，所以富邦金賠掉的防疫險早晚都會被賺回來，只是不知道要花多少年而已。根本不值得一提的公司賺賠小事，卻被小明每天煩惱，這其實就是一種精神疾病，算是憂鬱症的一種，該看心理醫師囉！」

　　根據社團法人台灣憂鬱症防治協會的資料，目前台灣約有 200 萬人得到憂鬱症，其中有 125 萬人是重度憂鬱症，

但實際有看過醫師的只有 40 萬人，其中有 13 萬人看了幾次醫師之後，就說自己痊癒了。真正有在接受治療的，只有 27 萬人。也就是說，台灣有 173 萬人，是「自認為沒有病」的憂鬱症患者。

　　這群自認為沒有病的憂鬱症患者，在各大股市論壇中到處亂竄，每天散播股票要崩盤的訊息。如果不將這些人徹底消滅的話，將會嚴重影響到臉書社團「股市肥羊」的水準，所以我都是一律封鎖。畢竟我不是精神科醫師，自認為沒有能力治療這群「股票憂慮症」患者，為避免耽誤人家的病情，直接封鎖是最省事的做法。讓他們去其他股票論壇，好好散播恐懼的心態，反正滿多股票論壇的版主，也有憂鬱症。讓他們聚在一起，互相取暖，組一個股票憂慮症病友會。彼此互相憂愁，唱衰對方的股票，然後在最低點賣光股票，在最高點買進股票，真是多麼美好的炒股賠錢同樂會啊！

　　其實滿多財經網紅，也有躁鬱症或其他類型的精神疾病。像有個財經網紅每天告訴別人要快樂過生活，自己卻經常找人吵架，看來吵架替他帶來不少快樂；另一個財經網紅每天和酸民對嗆，這也是憂鬱症患者；還有個財經網紅一

天內就發表了 18 篇文章，十足的躁症發作；甚至還有一個財經網紅哀嘆自己很難過，難過到晚上都睡不著覺……。

其實滿多財經網紅的躁鬱症都發作得很明顯，大吵大鬧就是一種躁鬱症表現，天天喝酒則是一種憂鬱症表現。每個醫師都看得出來這群財經網紅有多麼愛挑釁別人，多麼的悲傷難過。只可惜多數人都對醫療外行，才會看不出這群財經網紅有精神疾病，還以為他們講話很真性情。

精神疾病有很多種，其中最常見的是憂鬱症，特色是每天都很悲傷，毫無理由就會哭泣。躁鬱症是屬於憂鬱症的一種兩極化表現，狂躁時衝動易怒，每天找人吵架；憂鬱時悲傷難過，無法睡覺。失眠的人多半都有憂鬱症，精神病患經常會伴隨物質濫用，也就是酗酒和毒品。這些精神病患無法維持住人際關係，總會不斷的挑釁身旁所有人，直至自己被親友徹底孤立為止。

如果你有認識愛吵架的人，他肯定有躁鬱症；如果你有認識愛買東西的人，他肯定有躁鬱症；如果你有認識愛喝酒的人，他肯定也有躁鬱症。請把這些人，統統抓去強制就醫吧！

　　其實最適合躁鬱症病患的炒股方式，就是短線投機。每天漲時大笑，跌時悲傷，股價的漲跌，不斷刺激他的躁鬱症發作。這些人還覺得自己人生過得很刺激，多采多姿，人不輕狂枉少年。

　　生了嚴重的精神疾病，卻絲毫不自知，這種人真的是很悲哀。像電影《華爾街之狼》的真實主角，股票經紀人喬登‧貝爾福特（Jordan Belfort），一直瘋狂的吸食毒品。史上最偉大的操盤手傑西‧李佛摩（Jesse Livermore），本身也有嚴重的憂鬱症，最後舉槍自殺。股市多瘋子，散戶卻把瘋子拿來當成神一般膜拜，這群粉絲的智商，已經不是普通低落而已。

　　我是看不出來這些精神病患，有任何值得我們學習之處。但我看到非常多的人崇拜這群精神病患，追逐他們多采多姿的人生。那種瘋狂賺錢、胡亂揮霍，到處搞女人的生活態度，真不知道有哪裡好的？

　　所以當有人問我：「為何只喜歡賺錢，不喜歡花錢？也不搞女人？」我的第一個念頭是，精神病患才會亂花錢，我又不是精神病患，何必做跟精神病患一樣的事情？至於

搞女人嘛，我還真不知道搞女人能做啥？如果這位女人能幫助我賺大錢、做大事業，我很樂意再搞一個女人。如果這位女人只喜歡花我的錢，那我家就有一個這樣的女人，不需要第 2 個女人來幫忙了。不是我不搞小三，而是我找不到有用處的小三。只會扯後腿的女人，就謝謝再聯絡，祝福她能找到比我更好的男人。

　　肥羊：「小真，我覺得妳有個很嚴肅的問題，妳炒股太謹慎了。」

　　小真：「炒股當然要謹慎啊！這都是錢耶！」

　　肥羊：「股票就是要冒點險才會賺錢，但妳幾乎不願意冒險。」

　　小真：「我為啥要冒那麼多險，我是公務員，生活過得很好，何必冒險呢？」

　　肥羊：「妳是公務員，這就是問題點，妳太過安逸，習慣於現有的一切。我認識妳都 10 年了，妳的財產幾乎沒有任何長進。妳雖然都說自己炒股賺到錢，可是我為啥感覺不出來，妳的家產有絲毫增加呢？」

　　小真：「柴米油鹽醬醋茶，生活中哪一天不花錢呢？你

要我財產怎麼增加啊！」

　　肥羊：「這就對了，妳覺得賺太少，所以去搞炒股；但妳又怕賠錢，不敢下重注，結果妳炒股就算獲利 100%，也才賺幾萬元。妳雖然炒股整整 10 年，看起來像是個非常有經驗的老手，但妳資金太少，每次都小賺小賠。就妳這種下注金額，我建議妳就別浪費時間研究股票，回去定存算了。」

　　小真：「可是我公務員死薪水，沒錢下重注。」

　　肥羊：「那妳可以辦公務員貸款，永豐銀行最高可以借 500 萬元，利息 1.95%。假設妳借個 300 萬元拿去炒股票，賺 10% 的話就是 30 萬元，等於是妳半年的薪水了。」

　　小真：「那如果賠錢，我不就半年薪水蒸發了。」

　　肥羊：「炒股有賺有賠，正常的。反正金融股大到不能倒，回本只是時間問題，妳頂多套牢個幾年，就能回本，沒差啦！」

　　小真：「不行，我不幹冒險的事。」

　　肥羊：「那妳又何必炒股？股票很危險的。」

　　小真：「因為我覺得錢不夠花，想要多賺一點。」

　　肥羊：「那妳就應該去永豐銀行辦公務員貸款。」

　　小真：「不行，我不幹冒險的事。」

　　肥羊：「現在是怎樣，老鼠轉圈圈嗎？又想賺大錢，又

不敢下重注。」

小真：「你不是長期投資界的大老嗎？你應該有辦法處理這個問題。」

肥羊：「我要是有辦法用小錢賺到大錢，我現在就是台灣首富了。用小錢，只能賺到小錢；用大錢，才能賺到大錢。沒錢就去借，不借錢、不下重注、不敢冒險、不想賠錢，只想賺大錢，妳去投資詐騙集團算了。」

投資要在冒險與不冒險之間取得平衡

依據金融服務公司安聯集團（Allianz）「2022 年全球財富報告」，每人平均資產是 430 萬元，如果你低於這個水準的話，就證明了你必須努力。但依據行政院主計總處公告，台灣中位數薪水是 50 萬 6,000 元，也就是說，光是要達到這個 430 萬元的平均水準，大部分的台灣人得不吃不喝 8.5 年（＝ 430 萬元 ÷50 萬 6,000 元）。

如果扣掉生活費（假設 1 年 30 萬元），你的薪水就只剩下 20 萬 6,000 元，要花 20.9 年（＝ 430 萬元 ÷20

萬 6,000 元），才能賺到台灣人的平均財富。但台灣的平均薪水是 67 萬元，比中位數薪水的 50 萬 6,000 元，足足高了 16 萬 4,000 元（＝ 67 萬元－ 50 萬 6,000 元）。依據「薪情平台」的資料來看，應該是占台灣只有 10% 比率，年薪 122 萬 4,000 元以上人士，大幅度拉高了平均薪水。

如果說你想要存下更多錢，你就必須花得比別人少，例如把 1 年的開銷從 30 萬元壓到 15 萬元。這很不容易，但相信我，這已經是最輕鬆的方式，沒有任何理財方法會比「節儉」更有效率。你也可以選擇增加自己的收入，從 50 萬 6,000 元增加到 101 萬 2,000 元，大家最熱愛這種增加自己收入的理財方式，但其實這種方法最難。

加薪通常意味著，你必須爆肝加班、兼差，然後把自己操到過勞死。很難理解，人們為何會幻想自己能夠做到如此高難度的事情。就我看來，只有滿嘴虎爛話的人，才會每天吹噓自己以後要賺多少錢。真正能賺這些錢的人，根本不會講，他們只想換個輕鬆的工作而已。會談如何賺錢的人永遠賺不到錢，真正能賺到錢的人，永遠只會談如何賺到一個「閒」字而已。

　　就算你努力把自己的開銷從每年 30 萬元壓到 15 萬元，或者拚命加班，把每年收入從 50 萬 6,000 元增加到 101 萬 2,000 元，你其實還是輸那些年薪 122 萬 4,000 元的人一大截。如果你只想滿足於眼前的安逸，做到這裡，其實已經很足夠。但如果你的目標是超越那群年薪 122 萬 4,000 元的人，你需要更激烈的理財改革，也就是冒險，富貴險中求。

　　很多人認為，把家產全部壓在股票，是很危險的做法。真是笑話，這樣你頂多是財產歸零而已，哪裡危險呢？再說如果你不冒點險，要怎麼發財呢？這是個靠爸、靠媽、靠夫、靠妻的時代，別人光是學會投胎，就勝過你 10 輩子的努力了。你如果出身貧窮，找不到好老婆（老公），又不想冒險，那你的未來肯定是貧窮一輩子。想要賺比別人更多錢，冒點險原本就是必須的。

　　當然，如果你有年薪千萬元，或者家產數億元，這段話你就當沒聽到吧！不過就我所知，反而是愈有錢的人，愈勇於冒險；愈窮的人，愈不敢冒險。像有很多公務員都自以為有終身俸，不需要冒任何險就能安穩過生活。其實，都已經年金改革那麼多次，這群公務員竟然還自以為很安

全。果然在鐵達尼號真的沉下去之前，人們是絕對不會相信自己會淹死的。「有遠見」和「裝瞎」兩者的差別，就是這麼明顯。

依據金融研訓院公布的「2022 年台灣金融生活調查」，52.5% 的人儲蓄低於 24 萬元、13.6% 的人完全沒有任何儲蓄，而在 20 歲～ 29 歲的年輕人中，有 40% 完全不懂任何金融知識。即使如此的貧窮，依舊有不少年輕人想要進行投資，但實際上，這種人是完全不適合炒股的，因為沒有任何本金。

這些貧窮的年輕人，在被正規的炒股流派拒絕後，會轉向投入短線投機和虛擬貨幣這種高風險的領域。這時如果教導他們，可以在崩盤時借錢炒股，將能有效把他們從高風險的短線投機行為，轉向低風險的借錢炒股。

虛擬貨幣我在上一本書《打敗疫情：一年賺 1400 萬的肥羊養股術》中已經提過，會貶到連一文都不值，而比特幣也不負我的唱衰，在 2022 年下跌 65%。如果你有看過我寫的上一本書，你今天就不可能投資虛擬貨幣賠錢；如果你沒看過我的書，投資虛擬貨幣賠錢，也是活該啦！

　　你不能不冒險，這樣你一輩子都會發不了財；你不能太冒險，這樣會被詐騙集團騙光所有錢。總要在冒險與不冒險之間，取得平衡。我們今天之所以提倡借錢炒股，並不是叫你平常就借錢炒股，這樣太不智了。總是要等到加權指數下跌超過 30%，才能借錢炒股。

　　如果別人的股票都沒跌，就只有你的股票下跌超過 30%，那你需要的不是借錢炒股，而是檢查這檔股票是否有問題。如果真是你的股票有問題，你需要的不是賣股票，而是冷靜下來，然後去睡個覺，3 個月後再賣掉這檔股票。人們常常會在恐慌的時候，把沒問題的股票當成有問題的股票賣掉。

　　永遠不要在情緒激動時買賣股票。通常只要是大公司，都不可能在一夜之間出問題，放 3 個月再賣，沒什麼影響的。如果你買的是小公司，那麼你該檢查的，不是公司有沒有問題，而是檢查你的腦袋有沒有洞？自己的問題如果不先解決，怎麼炒股票都會賠錢啦！

　　當然，很多人都認為，炒小公司很好賺。當真那麼好賺的話，你怎麼會賠錢呢？所以不好賺嘛！如果小公司當真

很好賺，請你繼續炒小公司，不用停。我倒想看看，你炒小公司能夠賺多少？或者該這麼說，我想看你炒短線投機要賠掉多少錢，才肯乖乖認錯悔改？

很多人常說：「搞短線投機需要停損。」如果短線投機那麼好賺，又何必停止損失呢？應該是要停止獲利才對吧！短線投機需要停止損失，就證明你的炒股眼光有問題，證明你根本沒有能力搞短線投機。每次看到短線投機派那些似是而非的理論，都讓人覺得萬分爆笑。這群搞短線投機的人，到底會不會短線投機啊？講話超級外行的，倒是畫虎爛的功力，讓人讚嘆不已。

見好就收，該退場時千萬別戀棧

如果在借錢炒股的條件「加權指數下跌超過 30%」以外，再增加一個「下跌期間超過 6 個月」的條件，這樣你會變得更安全，但你也愈沒有機會去借錢炒股。常看到很多人買股票設定一大堆條件，這種人就是根本沒打算買股票，才會不斷在那裡挑股票的毛病。

我常教導粉絲一個很重要的觀念：「設定這些條件，是

為了方便你挑選股票，而不是方便你淘汰股票。」如果你設定的條件，高到會淘汰掉所有的股票，那麼是時候降低你的條件了。就像女人的擇偶條件，不該高到沒有任何男人可以達標。不想買股票不可恥，但每天挑三揀四的，你就只是讓別人知道自己的膽小而已。

　　我在 2022 年 12 月 1 日賣掉借錢買來的股票，2022 年 12 月 3 日交割款下來才還款，順便留點錢做國泰金的現金增資。為什麼挑 2022 年 12 月 1 日呢？因為我覺得這一天應該是股市的相對高點。當時加權指數收盤是 1 萬 5,012 點，一直到了 2023 年 1 月 30 日才突破這個點數，到達 1 萬 5,493 點，盤旋一陣子，然後又狂瀉不止，到 2023 年 3 月 16 日我第 2 次借錢炒股時，才開始拉回。但我不想再繼續等待高點，每個月要繳 1 萬 6,700 元的利息，這會壓縮到我的生活開銷，而且借錢炒股，也確實對我的心理造成一定的壓力。重點是，我總覺得之後會大跌，畢竟聯準會（Fed）不像是會隨便停止升息的人，總是得讓他撞撞鐵板才行。果然之後鐵板出現，美國矽谷銀行（Silicon Valley Bank）和瑞士信貸（Credit Suisse）倒閉，Fed 囂張升息的氣焰瞬間平息，說好的不計任何代價都要壓下通貨膨脹呢？這點阻力就害怕了，真是國際笑話啊！

　　既然我不知道要拖到何時，才能有比 1 萬 5,012 點更高的點，賣掉借錢買來的股票是比較妥當的做法。反正我都賺 171 萬 4,000 元了，見好就收，免得到時股票又跌下來，麻煩。賣不到好價格，每個月又得繳 1 萬 6,700 元的利息，這樣的心理打擊，實在是很大。

　　先聲明，我個人認為借錢炒股，是一個非常「短線投機」的做法，我主張在低點買進後，找個相對高點就賣了。如果你是一個堅決搞長期投資的人，你可以不用學習這方面的技巧。

　　為啥我會覺得 2022 年 12 月 1 日是當時的相對高點呢？因為從 2022 年 10 月 25 日的加權指數收盤價 1 萬 2,666 點算起，一路漲到 2022 年 11 月 15 日的收盤價 1 萬 4,546 點（第一波上漲），之後就一路徘徊到 2022 年 11 月 28 日的收盤價 1 萬 4,556 點，然後又上漲到 2022 年 12 月 1 日的收盤價 1 萬 5,012 點（第二波上漲），漲勢就止住了。

　　如果你了解美國道瓊工業平均指數（DJI）在 2022 年 11 月 30 日上漲了 737 點，收盤是 3 萬 4,589 點，你

會感到更加恐懼。道瓊大漲 737 點，但隔天台股竟然只上漲了 133 點，認真說來，台股當天應該是從最高點 1 萬 5,152 點，跌到 1 萬 5,012 點，整整下跌了 140 點（＝1 萬 5,152 點－1 萬 5,012 點）。美國在漲，台股在跌，怎麼想都覺得很可怕，先賣一賣比較安全。

「夫戰，勇氣也。一鼓作氣，再而衰，三而竭。彼竭我盈，故克之，夫大國難測也，懼有伏焉。」──《左傳·曹劌論戰》

這句話是說：作戰靠的是勇氣。第 1 次擊鼓能夠振作士兵們的勇氣，第 2 次擊鼓勇氣變衰弱，到第 3 次擊鼓勇氣就耗盡了。敵方的勇氣耗盡，而我方的勇氣正旺盛，所以戰勝了齊國軍隊。齊國這樣的大國是難以預測的，我擔心會在哪裡設有埋伏。

我們剛剛提到，從 2022 年 10 月 25 日的加權指數收盤價 1 萬 2,666 點算起，一路漲到 2022 年 11 月 15 日的收盤價 1 萬 4,546 點，這是第一波上漲。從 2022 年 11 月 28 日的收盤價 1 萬 4,556 點，上漲到 2022 年 12 月 1 日的收盤價 1 萬 5,012 點，這是第二波上漲。那

麼有一個很嚴肅的問題出現了，有第三波上漲嗎？

　　《左傳・曹劌論戰》告訴我們，沒有第三波上漲，就算有第三波上漲，恐也是崩潰的前兆。我肥羊族只是個弱小散戶，面對強大的主力，很難保證不會遭到坑殺。既然如此，謹慎點比較好，第二波上漲就把借錢買來的股票賣掉，不等第三波上漲了。讓那群愛買最高點的人去買，我在旁邊看戲就好。事後來看，果真沒出現第三波上漲，單以金融股來講，跌勢是持續到 2023 年 3 月 16 日後才拉回。

　　股票上漲看的是氣勢，不是什麼本益比或是財報數據，可惜很多人都不知道這件事。當股票上漲的氣勢被打斷時，後續要想再漲上去就很難了，因此千萬別把短線投機當成長期投資在搞，該閃人的時候，絕對不要戀棧。當然如果我當時不賣股票，到了 2023 年 1 月 30 日也可以賣股票，我會賺更多。但要我在那邊空等近 2 個月，實在是很累人的行為，更別提之後，金融股還一路狂瀉到 2023 年 3 月 16 日。賣吧！賣吧！短線投機不是罪！反正炒股有賺到錢就好。借錢本來就該還，早點還錢，生活才會輕鬆愉快。

　　就算我當時猜錯，股票又繼續漲上去，我手上也還持有

4,000 萬元左右的股票，可以慢慢賣沒關係，照樣賺錢。如果股票跌下去，反正壓力最大的 1,000 萬元股票質押已全數還清，我可以慢慢打長期抗戰，甚至再借一次 1,000 萬元來抄底。這是漲跌通壓的下注方式，不論上漲或下跌，我都能賺到錢。

很多人常覺得奇怪，我買股票通常不是最低點，賣股票也不是最高點。那是因為你是事後看盤，才能知道啥時是最高點，啥時是最低點。如果處於當時的情境下，你根本無法知道股票會漲或是會跌？那麼漲跌通壓，會是最穩當的做法。反正不管之後怎麼漲跌，我都能賺到錢，猜什麼漲跌，全壓不就好了。謹慎又冒險，智謀又勇敢，這是我炒股多年，都能賺到錢的祕密。

查爾斯‧狄更斯（Charles Dickens）在《雙城記》裡提到：「這是最好的時代，也是最壞的時代；這是智慧的時代，也是愚蠢的時代；這是信仰的時期，也是懷疑的時期；這是光明的季節，也是黑暗的季節；這是希望之春，也是失望之冬（註 1）。」

我們在 2022 年，遇到了慘烈的崩盤，很多人都哀嘆自

己炒股賠錢，其實這正是賺錢的大好機會。黑暗終究會過去，黎明必然會到來。展望 2023 年，富邦金、國泰金和中信金這 3 大金控，再怎麼樣都不可能賺得比 2022 年少，我再額外追加了元大金（2885），目標是壟斷整個金融界。既然都知道 2023 年賺得比 2022 年還要多，那麼你還怕什麼呢？凡是 2022 年沒有倒閉的銀行，2023 年也不至於倒閉。最壞的時機已經過去，最好的時光即將到來。最嚴寒的冬天消逝之時，無限美好的春光必然降臨。趁現在買股票，你還怕什麼呢？當所有人都害怕恐懼股票時，就是適合進場買股票的時機，人棄我取。

註1：原文為「It was the best of times, it was the worst of times；it was the age of wisdom, it was the age of foolishness；it was the epoch of belief, it was the epoch of incredulity；it was the season of light, it was the season of darkness；it was the spring of hope, it was the winter of despair.」。

認清自己的能力
行有餘力再助人

Chapter 06
利益篇

劍羊關外，密密麻麻的都是肥羊族和水羊族的軍營，肥羊族的大鴻臚要求停戰，進入劍羊關，想要勸降劍羊將軍。

大鴻臚：「目前城外有 50 萬大軍正在包圍劍羊關，你是劍羊族，與山羊族無關，何不趁早投降呢？」

劍羊將軍：「數百年前，劍羊族遭到狼族滅國，由於狼王擔心劍羊族難以馴服，下令全數殺光，只剩我們祖先帶著 326 隻羊逃出。正在飢寒交迫之際，幸虧山羊王伸出援手，才得以在劍羊關活下來。昔日之恩不可忘，我拚死也要為山羊族留下最後一座城。」

大鴻臚：「山羊王和山羊王子均已戰死，除了劍羊關以外，所有領地全部被攻占，山羊族已徹底滅國，請問你是為誰

而戰？為何而戰？」

　　劍羊將軍：「我是為了仁義道德而戰，為了消滅邪惡的肥羊族而戰。」

　　大鴻臚：「小羊王敬你忠義，想要以 4 倍大的領土，和你交換劍羊關，並且讓你當第 1 代劍羊國王。」

　　劍羊將軍：「名義上是國王，實際上還不就是肥羊族的從屬國而已。你給我的土地，看起來似乎很肥沃，但根本無險可守。哪天肥羊族不高興，上午出兵，下午就可以滅掉劍羊族，你當我是傻了嗎？我是不可能為了區區一點利益就投降的。」

　　大鴻臚：「我剛走進來，看到你連老羊和小孩都拉出來站哨，母羊也穿上輕便盔甲，如此的老弱殘兵能有多少戰力？你對外宣稱自己有 10 萬士兵，該不會是連剛出生的羔羊都算下去吧？以此老弱殘兵就想抗衡 50 萬大軍，你不是更傻嗎？再說肥羊族和劍羊族毫無仇恨，又何須滅掉劍羊族呢？你如果覺得肥羊族給 4 倍的土地太少，我可以給你 10 倍的土地，這已經是最大的誠意了。」

　　劍羊將軍：「肥羊族和山羊族是盟友，還不是照樣滅掉山羊族，像你們這種眼裡只有利益的肥羊族，我要如何信任呢？」

　　大鴻臚：「是當初山羊族不顧同盟道義，刻意哄抬糧食

價格，肥羊族才會出兵討伐的。難道是盟友，就可以幹些背後扯後腿的事情，山羊族不仁，肥羊族當然不義。」

劍羊將軍：「一日盟友，終身盟友，豈能隨意背叛。就像你的老爸永遠都是你的老爸，難道能夠因為牠做了什麼事情，就隨便殺掉牠嗎？」

大鴻臚：「這得看事情大小啦！小事當然不能殺，如果是大事的話，為啥不能殺呢？並不是身為父母，就可以隨意亂搞子女。」

劍羊將軍：「看到了吧！這就是肥羊族，為了自己的利益，連父母都敢對付。父母有可能去對付子女嗎？父母的所作所為還不都是為了子女好，天下無不是的父母。我聽說你們還打算把 1,000 萬隻山羊族賣給北方的狼族，交換 500 萬隻綿羊族南下。羊一旦自私自利起來，還有什麼傷天害理的事情做不出來呢？」

大鴻臚：「首先，肥羊族沒有這個能力去傷害天地，我們沒這麼偉大。其次，肥羊族也不可能去改變什麼道理，真理是不可能被改變的，如果真有什麼道理可以被改變，那這個道理一定是假的，是用嘴巴瞎掰出來的。最後，會對付子女的父母，那可真是數都數不盡。要知道壞人也是會當父母的，如果壞人必須接受法律制裁，就沒理由要求壞人的小孩必須孝順壞父母。像這種壞父母，最好的孝順

方法，就是消滅牠們。」

　　劍羊將軍：「滿嘴歪理，純屬狡辯，我劍羊族一身正氣，絕不可能為了利益，向肥羊族投降。」

　　大鴻臚：「我相信劍羊將軍一身正氣，但難道整個劍羊族都如此一身正氣嗎？劍羊將軍，你完全不顧劍羊族的利益，執意帶領整個劍羊族送死，這樣真的會有羊願意跟隨你嗎？」

　　劍羊將軍：「廢話，我們劍羊族本來就是一個大家族，家族之間，難道還能爭權奪利嗎？誰敢反抗，誰就是不敬族長，我會依據劍羊族的團結家訓殺了牠，以告慰歷代祖先之靈。你批評我不管其他劍羊族的想法，但我聽說肥羊王素來獨裁，牠可曾絲毫考量過其他羊的想法呢？」

　　大鴻臚：「日照大權現（肥羊王）雖然獨裁，但牠所做之事，都是為了大家好。只是有些羊天生愛鬧事，為了避免族群紛爭，所以才予以消滅。日照大權現所得到的任何好處，都會分給大家，絕不會自己獨享。只要是從第 4 號牧場時期就跟隨日照大權現的羊，誰不是官大位大，財富滿滿，妻妾成群呢？這就是日照大權現所承諾的『應許之地』啊！」

　　劍羊將軍：「『一個士兵可以分到 2 隻母羊、10 甲田地』，像這樣的承諾嗎？我實實在在地告訴你，肥羊王這種做法，

叫做不尊重女權，叫做搶奪山羊族土地。如此唯利是圖之羊，也只有肥羊族願意追隨，根本是就地分贓，還好意思說是應許之地咧！我劍羊族非常不恥這種見錢眼開的下流手法，我們追求的是仁義道德，而不是卑鄙的利益思想，送客。」

　　之後，大鴻臚又連續拜訪了 7 天，每次都被劍羊將軍轟出去。第 7 天晚上，劍羊關的東門冒出了火光，猛羊將軍急急忙忙衝進大本營。

　　猛羊將軍：「啟稟父親大人，東門有將軍叛變，偷偷打開城門，迎接肥羊族大軍進入城內，還放起大火，阻礙救援。」
　　劍羊將軍：「該死，難怪大鴻臚連續 7 天都從東門進出，我還以為是來勸降我，結果是去勸降東門的。兒子，快告訴我，東門到底是哪個將軍叛變？我要殺掉牠的父母，以示懲罰。」
　　猛羊將軍：「孩子立刻執行父親指令，殺掉叛變將軍的父母。」

　　猛羊將軍掏出隱藏的小刀，刺進劍羊將軍的胸膛。

　　劍羊將軍：「該死的孩子，你竟然連自己的父親都敢殺。如此不孝之羊，我不相信世間還有誰敢跟隨你，你等著被手下背叛吧！」

　　劍羊將軍拔出插在自己胸口的小刀，想要往猛羊將軍刺下去，但血流如注，還沒刺下去，自己就先當場死亡。慧羊參謀立刻向猛羊將軍跪下，其他將領也紛紛下跪致意。

　　猛羊將軍：「你們向一個不孝之羊膜拜，是想做啥呢？」

　　慧羊參謀：「一般所謂的孝順，不過就是隨便父母亂搞，不敢予以絲毫干涉而已。如果父母打算帶領整個家族去死，難道整個家族也得跟著去死嗎？到底是父母重要，還是劍羊族的 10 萬條性命重要？答案很清楚啊！真正的孝順，是帶領整個家族走向興盛。劍羊將軍意圖跟 50 萬大軍火拼，這是一場毫無勝算的戰爭，只會毀滅整個劍羊族，來替山羊族陪葬而已。猛羊將軍，您殺了牠，正所謂大義滅親。我等敬佩猛羊將軍的大孝行為，特來擁戴您成為第 1 代劍羊王。」

　　猛羊將軍：「我為了自己的利益而殺害自己的父親，難道你們不覺得我是一隻自私自利的羊嗎？」

　　慧羊參謀：「您是為了利益也好，為了升官發財也罷，

我們真正關心的，其實只有我們自己而已。誰能帶給我們最大的好處，我們就跟隨誰；誰帶給我們最大的害處，我們就反對誰，至於什麼仁義道德的，我們私毫不關心。真正的領導，應該捨棄私人的情緒，帶領整個族群，讓大家都能幸福的過生活。劍羊將軍只考慮到自身的情感，只想報答山羊族的恩情，試圖以10萬老弱殘兵，對抗50萬大軍，以成就自己在歷史上的美名。牠才是真正自私自利的羊，牠才是真正只顧自己爽，完全不管劍羊族死活，是一個惡劣領導。猛羊王，您不是自私自利，您是大私大利。您私的是家族，利的是群體，劍羊關還有比您更適合當領導的羊嗎？」

　　猛羊將軍：「真正的王，不該以自身利益來考量，而該以整體利益為考量，為了家族的最高利益，犧牲父母，又有啥不對呢？」

　　慧羊參謀：「只有願意讓自己的雙手染上鮮血，背負惡名的羊，才夠資格稱為『血染惡英雄』。那些不願意沾染鮮血，不願意玷汙自己的雙手，不願意消滅如同寄生蟲般的家屬，不過是個偽善者。他們表面上打著孝順的名義，卻做些毀滅家族的事實，他們才是真正的不孝者。」

　　猛羊將軍：「只有願意做壞事的羊，才是真正的大善羊。自認為善良，不願意做壞事的羊，不過是庸俗之輩而已。壞即是善，至壞即是至善；不壞就是不善，妥協就是無能。」

　　慧羊參謀：「能悟此真理，不愧是猛羊王。請猛羊王正式登基，成為第 1 代劍羊王，接受眾羊膜拜。吾王萬歲，萬歲，萬萬歲。」

想享受人生請自己賺，別用孝道綁架子女

　　「齊宣王問曰：『湯放桀，武王伐紂，有諸？』孟子對曰：『於傳有之。』曰：『臣弒其君可乎？』曰：『賊仁者謂

之賊，賊義者謂之殘，殘賊之人謂之一夫。聞誅一夫紂矣，未聞弒君也。』」──《孟子‧梁惠王下》

　　上面這段話是說：齊宣王問孟子：「商湯流放夏桀，周武王討伐商紂，真的有這樣的事情嗎？」孟子依據史實，認為真有這樣的事情。齊宣王詢問：「臣子可以弒殺國君嗎？」以這個問題來看，齊宣王的意思是指君王和臣子的名分已定，禮儀也規定了，君王即使隨意亂搞，大臣也只能聽命服從。簡單來說，君王要殺天下人，天下人就得死；君王要搶你老婆，你老婆就是君王的。反正朕即君主，要怎麼胡作非為都可以。這就是傳統觀念──「一個人的天下」。

　　但孟子並不這麼認為，他認為破壞仁愛的人就是「賊」，破壞道義的人就是「殘」，「殘賊」的人就叫做獨夫，他是沒有資格被稱為君主的。所以周武王殺的不是紂王，而是紂，因為紂的所作所為根本不配當一個王，故應該說是周武王伐紂，而不是周武王伐紂王。既然紂不是一個王，那麼殺他也是應該的，絲毫沒有違反禮儀的問題。

　　「天下非一人之天下，乃天下之天下也。同天下之利者，

則得天下；擅天下之利者，則失天下。」——《六韜·文韜·文師》

這段話是說：天下不是一個人的天下，而是天下人的天下。你如果考量的都是天下人的利益，你自然會得到天下；如果你只顧著自己爽，獨占所有好處，完全不管別人怎麼想，你就會被推翻。

不是你今天當領導，想要怎樣都可以，你必須要考量屬下的想法。你只是領導眾人，而不是支配眾人，如果你意圖和眾人作對，你就應該被推翻。這些話不只可以用在君主身上，也可以用在父母身上。

父母是負責領導家庭的人，但如果父母胡作非為的話，他就應該被推翻。領導是義務和負擔，而不是權力和享受。當領導要考量家庭的最大利益，而不是自己獨享家庭的利益，然後叫別人辛苦做事。如果父母不配當個領導，是時候叫你的父母下台，改由你來領導整個家庭了。

年紀大不是讓你在那邊擺爛，教訓小孩，躺著花小孩的血汗錢。孩子撫養你是應該，但也只限於單純撫養，給予

基本生活費而已。想要享受人生請自己賺，啃小孩是非常要不得的行為。孩子有錢是孩子自己的本事，和你沒有任何關係，你如果沒留下任何遺產，就沒資格亂花小孩的錢。

「齊景公問政於孔子。孔子對曰：『君君，臣臣，父父，子子。』」——《論語·顏淵》

這段話是說：齊景公向孔子詢問如何治理國家，孔子回答：「國君應該先盡到國君的義務，才能夠要求臣子盡忠於國君；父親應該先盡到照顧家庭的責任，才能夠要求小孩孝順自己。」

孔子的想法是一種平等的思想。君臣關係、父子關係都是雙向的、互相的，而且有更多的責任應該是落在君主和父親等強勢者的身上。也就是說，領導者必須先做好自身的義務和責任，才能要求手下聽話；如果領導者只是每天擺爛，手下完全沒有必要去理睬他。只有盡到國君義務的國君，才夠資格稱為國君，才能要求臣子盡忠，否則大臣叛變也是應該的。同樣的，只有盡到父母義務的父母，才夠資格稱為父母，才能要求小孩孝順，否則小孩不孝順也是正常的。

許多人常批評儒家思想是愚忠和愚孝，是不通世間人情的迂儒，完全沒有這回事。孝順和忠誠，是視父母和君主的情況來決定，並不是一定要孝順和忠誠。如果父母和君主太爛，不孝和不忠，也是可以的。

「君之視臣如手足，則臣視君如心腹；君之視臣如犬馬，則臣視君如國人；君之視臣如土芥，則臣視君如寇讎。」──《孟子‧離婁下》

這段話是說：君主看待臣下如同自己的手足，臣下看待君主就會如同自己的心腹；君主看待臣下如同犬馬，臣下看待君主就會如同路人；君主看待臣下如同泥土草芥，臣下看待君主就會如同仇人。這其中所提的，就是一個相對應的道理。你怎麼對待別人，別人就會怎麼對待你，想要有什麼收穫，先怎麼栽。人與人之間是互相的，你當君主沒啥了不起，別想囂張地欺負人，小心手下隨時都會準備造反。

這話用在父母和子女之間，也是一樣的，稍微改編一下就是：父母視小孩如寶物，則小孩視父母如愛人；父母視小孩如搖錢樹，則小孩視父母如詐騙；父母視小孩如出氣

筒，則小孩視父母如仇敵。

「一理通，萬理徹」，為啥這世間會有如此多的家庭糾紛？很多都是因為父母有問題，小孩不堪長期折磨，才會爆發出糾紛來的。不用指責別人不孝，你根本不懂別家的小孩如何遭到父母對待；不用可憐別家的老人被小孩棄養，你根本不知道那老人年輕時是如何欺負小孩的。對於世間的一切糾紛，平常心看待，在沒有確切掌握任何證據之前，都不可以輕易批判他人。

孝順父母前，務必先照顧好自己

「父有爭子，則身不陷於不義。故當不義，則子不可以不爭於父，臣不可以不爭於君。故當不義則爭之，從父之令，又焉得為孝乎！」──《孝經·諫諍章》

這段話是說：做父親的，若有會勸諫的兒子，他就不會陷於不義。因此，做兒子的，若是看到父親有不義的行為，就應該向父親婉言勸告；做臣子的若看到君王有不義的行為，就該進言阻止。所以見到不義之事，就一定要勸阻諫諍。做兒子的如果只是一味的遵從父親命令，又怎麼能稱

得上是孝子呢？

　　這裡寫得很清楚，小孩必須去阻止父母做傻事，老人最常做的傻事是什麼？就是被騙錢。雖然這些老人被騙錢了，但他不覺得自己是被騙錢，他是在投資詐騙集團賺大錢啊！小孩阻擋老人投資詐騙集團發大財，老人當然會很生氣。就像別人如果斷了你的財路，你生不生氣呢？生氣啊！所以老人會和小孩吵起來，罵小孩不孝。即使如此，你還是得阻止老人，你還是不能讓老人投資詐騙集團，否則你就是真的不孝。老人罵你不孝，不代表你不孝，他只是單純在罵你而已。但你要是害怕老人罵你不孝，而不去阻止老人投資詐騙集團，那你就真的是不孝。反正不管你怎樣做，你都是不孝，這就是跟父母相處的為難之處。

　　「謂阿意曲從，陷親不義，一不孝也。」──《孟子·離婁上》漢·趙岐·注

　　這段話是說：一味順從，見父母有過錯而不勸說，使他們陷入不義之中，這是一種不孝。

　　當家裡有個痴呆老人時，其實很難不發生爭執。你不阻

止老人的話，他就會衝過去幹傻事，敗光所有家產；你阻止他的話，老人就會罵你不孝，左右為難。但按照上面所寫的，你還是得去阻止這個老人，以免他敗光所有家產。如果阻止不了的話，就應該把老人送進安養院，反正你沒有能力照顧他，那就乾脆別照顧，讓專家來照顧。專家不見得會照顧得比你好，可能會比你差，但你已經累了，是時候放棄照顧老人了。家中有一個痴呆老人已經很衰了，你別再當第 2 個痴呆老人，千萬別讓老人拖垮你的一生。

或許，你會覺得，這個老人其實已經拖垮你的經濟。但相信我，如果你不對這個老人放手，你連心靈都會被拖垮。先是經濟，之後是心靈，最後全家住精神病院，就只是因為你想照顧老人而已。認清自己的能力，徹底了解自己的無能之處，很重要啊！

孝順往往是最不應該的行為，因為你沒這個能力，因為你欠缺專業醫療知識，送安養院讓專家照顧吧！請撥打長照專線 1966，一通電話，服務到家，還提供老人到宅送餐服務，長照 2.0 關心你。貼心提醒你：50 歲以上就有可能發生老人痴呆，怎麼勸都勸不聽的老人，其實就有可能是老人痴呆喔！

　　小真：「我覺得肥羊先前為了錢，和自己老媽起衝突，實在是很沒有必要耶！」

　　小蝶：「習慣性問題吧！肥羊 12 歲時，親眼見到自己的老媽投資鴻源詐騙集團，被騙了 100 萬元，產生嚴重的心理陰影。從此以後，就質疑他老媽的一切所作所為，不再信任。」

　　小真：「他老媽是 1986 年投資鴻源詐騙集團，以每月 4% 利息計算，1 年 48%，到 1990 年倒閉為止，光利息就賺 192%（＝ 4%×12 個月 ×4 年）。就算本金被鴻源詐騙集團吃掉，也還賺 92%，他老媽真的很有投資眼光。」

　　小蝶：「像那種會投資鴻源詐騙集團的傻呆，怎麼可能會把錢領出來，名目上是賺 92%，實際上，連 1 塊錢都沒領出來。100 萬元本金和 192 萬元利息全被鴻源詐騙集團吃了，翁家從此破產。現在很多投資虛擬貨幣的傻呆也是這樣，號稱賺了很多錢，但全部放在加密貨幣交易平台 FTX 裡面，只要交易平台一倒，家產全部歸零，瞬間破產。都已經過了 30 幾年，傻呆的腦袋，卻是連絲毫的長進都沒有。同樣的騙術，可以一用再用且萬用，都完全不會被識破。人類的進化究竟在哪裡呢？」

小真：「難怪肥羊很強調，股票價格上漲時要賣掉一些，至少先收回部分的成本。我就覺得很奇怪，長期投資不是買完，股票放著不動就好了。何必搞這些多餘的動作呢？原來是童年時留下的心理創傷，讓他一直想把本金抽回去，免得再被坑一次。」

小蝶：「肥羊看起來好像神經很大條，其實他很纖細的，件件小事都記得很清楚。做事似乎很魯莽，但其實他都考慮過十幾遍，才採取行動的。」

小真：「看不出來耶！他又沒在日曆上記事的習慣，決定也往往是 3 分鐘內就做好。」

小蝶：「凡事記在腦子就好，幹嘛要寫在日曆上，留下把柄給人抓。3 分鐘的時間，就足夠他反覆計算十幾遍，你以為人家怎麼考上醫學系的。以前我看他讀書時，連重點都沒在畫，問他這樣要怎麼抓重點呢？他竟然說，全部背下來，就不用浪費時間記重點了。醫學系的腦袋，果然和正常人不太一樣。」

小真：「肥羊老是把投資鴻源詐騙集團的責任怪到他老媽頭上，難道他自己就沒責任嗎？」

小蝶：「還真的沒責任耶！一家 7 口中，他是唯一持反對意見的，而且還反對得很激烈。但他才讀國小而已，年紀太小，沒人理睬他。」

　　小真：「這樣也不能把責任全怪到他老媽頭上啊！投資鴻源詐騙集團，可是家族會議的結果。」

　　小蝶：「他是全都怪，不是只怪他老媽。只是因為他爸早死，他又沒在理睬兄弟姊妹，妳才會認為他只怪老媽。其實只要是當年投贊成票的人，他每個都罵，包含他家的所有朋友。」

　　小真：「所有人全部都被肥羊當成傻呆看待，還真是眾生一律平等啊！肥羊在公平原則上，做得真是很徹底。但那畢竟是30年前的往事，他老媽之後應該有所檢討改進。」

　　小蝶：「哪來的檢討改進，他老媽只是換個詐騙集團繼續投資而已。之後還每天去詐騙集團那兒報到，排隊領米粉，聽詐騙集團每天的洗腦廣告，買那個貴死人又毫無用處的保健商品。」

　　小真：「他老媽對詐騙集團真的是很有愛耶！果然傻呆會永遠追隨詐騙集團，這就是真愛，真的很愛被騙啊！但肥羊那麼忙碌，根本沒空孝順老媽，花點小錢讓詐騙集團陪他老媽聊天，我認為也是值得。」

　　小蝶：「他就不願意啊！他就不喜歡他老媽每天被騙錢，他就是要切斷他老媽的經濟來源，只要他老媽沒錢，看詐騙集團要怎麼騙。」

　　小真：「最後搞到肥羊和他老媽徹底鬧翻，還把老媽送

去安養院，這代價太大了，根本不值得。我認為沒必要限制他老媽投資詐騙集團，只要金額不大，幾萬元以內，都還可以接受。現在他老媽死了，樹欲靜而風不止，子欲養而親不待，他肯定很遺憾吧！」

　　小蝶：「他遺憾的事情，只有當年小黃 2 代餓到吃大便而已。所以他現在天天餵小黃 7 代吃雞腿，想要彌補當年對小黃 2 代的虧欠。至於他老媽呢？他家裡連神主牌都沒有，靈骨塔也沒去看過，就連他老媽的『百日』（指親人死亡 100 日）和『對年』（指親人死亡 1 整年），都沒參加。這兩天是台灣傳統習俗非常重要的日子，但肥羊完全沒在理睬這些傳統習俗。他老媽的葬禮是由他大哥全權包辦的，要是由肥羊來辦的話，肯定省掉所有儀式，直接把他老媽的骨灰拿去種樹。我去參加他老媽的告別式時，看到肥羊坐在椅子上，連站都不願意站。他的兄弟姊妹倒是一字排開，連姊夫都站得很好，就是沒人敢去勸肥羊站著，看肥羊名聲多差啊！親戚都被他嚇到了。肥羊既不披麻，也不戴孝，還研究葬禮司儀的手勢有何意義。肥羊當時很高興的跟我說：『司儀用右手畫個圓圈，是代表功德圓滿，左手捎蓮花指，則單純是為了好看而已。』司儀在講述他老媽的過往事蹟時，他則跟旁邊的我吐槽，司儀畫虎爛不打草稿，他老媽壓根底兒沒指導過媳婦，也沒幫忙養育孫子，

更別說讓家庭和諧。肥羊兒子是丟給老婆娘家養的，他老媽只會跟媳婦吵架，是破壞家庭和諧的問題人物。像肥羊這種在自己老媽喪禮中看戲的人，妳認為他對老媽的死，有啥遺憾呢？」

　　小真：「很難相信，母子之間的感情可以淡薄到這個地步，竟然連條狗都不如。」

　　小蝶：「他老媽生 5 個小孩，妳認為會有多少時間陪肥羊呢？答案就是零啊！他老媽根本沒陪過肥羊，肥羊從小性格又孤僻，跟兄弟姊妹感情也不好。所謂翁家 3 兄弟，就是指他的 2 個哥哥和隔壁鄰居，肥羊「不算」翁家 3 兄弟之一。肥羊真正的家人，就是那條狗。別怪肥羊性格冷淡，他從小就是被家人如此冷淡對待，他只是以家人從前對待他的方式，來對待所有人而已。」

　　小真：「很難相信耶！肥羊不是領獎學金的資優生嗎？照理說，應該很受家人寵愛。」

　　小蝶：「應該是肥羊愛唱反調吧！所以家人都很討厭他，妳看他當年還唱衰鴻源詐騙集團，是個完全不合群，從不看別人臉色的傢伙。我親眼看過肥羊跟小黃 7 代在聊天，人跟狗在講話，怎麼想都覺得很詭異，他家人大概也認為肥羊很有病，不想理睬他。」

　　小真：「這樣說來，應該是肥羊的錯，他家人根本沒錯。」

小蝶：「肥羊才不管咧！反正對他來說，只有狗才是家人，童年的回憶裡面，也只有小黃2代值得珍惜。什麼父母兄弟姊妹，不過是個稱謂而已。他不愛那些人，撫養老媽也只是基於法律責任，雙方沒感情的。」

小真：「難怪肥羊的綽號叫做『窮到只剩下錢』，不是沒有道理的。他不擔心小孩以後學肥羊，不孝順自己嗎？」

小蝶：「肥羊在讓小孩孝順這點上，做得就更絕了。他從小就培養小孩炒股，導致他兒子必須完全仰賴肥羊的炒股技術，所以一定得孝順啊！孝順不是他兒子發自內心的想法，而是他兒子的『職業』，可以說肥羊是花錢請兒子孝順自己。」

小真：「難怪以前有人喊過一個口號：『有錢就能買到愛情，有錢就能買到親情。』萬惡的金錢，還真是無所不能啊！當老爸夠有錢時，就可以叫小孩回家替自己上班，何必去幫別人打工。教小孩炒股，就意味著雙方有共同的話題，也就是『股票』。不用擔心重演肥羊和他老媽大眼瞪小眼，話題全無的尷尬場景。肥羊在7歲時就教小孩炒股，意味著他在16年前，就已經在布置這一步棋。別人還在討論膚淺的財務自由時，他已經算到以後跟兒子的代溝問題，思慮之深遠，讓人嘆為觀止。」

小蝶：「利用精密的計算，讓小孩必然會孝順，肥羊真

是高竿啊！」

　　小真：「他兒子為啥不想學肥羊養股術的奧義呢？還抱怨奧義太複雜，只想搞定期定額的無腦投資，每天躺著賺。」

　　小蝶：「應該是性格問題。肥羊養股術是由肥羊所獨創，如果想要學到最奧義，就必須和肥羊100%同步化，才有可能。也就是說，妳必須掌握肥羊所擁有的一切知識和性格，才有可能學會最奧義。肥羊認為，就算用基因複製技術完整複製出另一個肥羊，也沒辦法學會最奧義。因為複製出來的肥羊，少了最重要的『經驗』，不只是炒股的經驗，還有從小到大被家人排擠的經驗，這些經驗是無法靠讀書來取得。」

面對股價漲跌，保持冷靜是最好的對策

　　在動漫《鏈鋸人》裡面，岸邊教練曾經提過，只有腦袋不正常的人，才能在惡魔的戰鬥中活下來。因為正常人的思路，無論偽裝得多高明，都可以被惡魔猜出來，只要被惡魔猜出自己的想法，你就死定了。而腦袋不正常的人，

做事全無邏輯性可言，至少惡魔無法理解這種人的邏輯，因此腦袋不正常的人，反而能夠在與惡魔的戰鬥中活下來。

比方說，如果股價大跌，正常人都會害怕自己賠錢，無論你如何偽裝自己，你就是害怕，你的最終結果必然是賣掉股票以減少自己的損失。正常人之間的差別，在於能夠忍受大跌多久而已，忍耐力高可以撐幾個月，忍耐力低的則只能撐幾天，但無論忍耐力高低，你們最後都會賣掉股票。股票惡魔可以藉著操縱股票價格，來誘使正常人買賣股票，但這招對肥羊是沒有效的。肥羊看到股票價格下跌會興奮，股票價格愈下跌，就愈想買股票，甚至跑去借錢炒股。這種完全不正常的思考邏輯，會導致股票惡魔完全無法操控肥羊。

但如果肥羊只是在股票價格大跌時就想買股票，股票惡魔也還是有辦法操縱肥羊。真正難的點在於，股票價格大跌，肥羊可能全無反應。比如說台積電（2330），不管這檔股票價格如何漲跌，肥羊一律只當作沒看到，甚至其他長期投資派常掛在嘴邊的現金殖利率，肥羊也只是當成參考而已。種種特立獨行的做法，導致股票惡魔除了放棄肥羊以外，沒有任何其他的辦法。

　　就像鏈鋸人被關在旅館時，其他人都感到恐懼，只有主角在睡覺；其他人都因為敵人殺不死而悲傷時，只有主角很開心的在砍這名殺不死的敵人，還誇讚這名敵人不斷生長出來的血肉，可以替自己源源不絕的補充體力。種種的特立獨行，會使股票惡魔無法對你擬定戰略，敵人拿你沒辦法的時候，贏的人自然就是你了。

　　小真：「肥羊是不可能退休的，這跟他的家產是幾千萬元或是幾億元都沒有關係。只有賺錢才能證明肥羊活著，不賺錢就意味著肥羊已經死亡，是個徹頭徹尾的金錢奴隸。」

　　小蝶：「《聖經》讓每一個人服從上帝的安排，但《塔木德》讓『財富』服從了肥羊的選擇。你知道握有財富的肥羊，認為自己是什麼嗎？」

　　小真：「是財富之神，他寫出來的書則是財富聖經。」

　　小蝶：「答對了。既然都是財富之神，家產怎麼可以輸人呢？所以肥羊會不停的賺錢下去，金錢的欲望永遠不可能獲得滿足，即使有一天他成為世界首富，也無法改變他對金錢的渴望。」

小真：「永無止境的追求財富，直至自身殞落為止，就如同飛向太陽的伊卡洛斯，即使明知自身會融化，依舊繼續飛行。」

小蝶：「為了賺錢而賺錢，不過是庸俗之輩的思考，這種人注定一輩子平淡，與財富無緣。只有為了信念而賺錢的人，才能夠得到龐大的財富，身體可以死亡，但賺錢的理念，必須代代流傳下去。」

小真：「這樣的賺錢人生，到底有什麼意義呢？」

小蝶：「無意義啊！人生哪來的什麼意義，意義是要靠自己找的。肥羊活著的意義就是賺錢，我活著的意義就是找個有錢的帥哥，妳的意義應該是領終身俸。」

小真：「可惜我的終身俸一直被年金改革，也不曉得以後有沒有終身俸？妳找了那麼多年，也始終找不到有錢的帥哥。妳我的意義都很高尚，可惜都不存在於這個世界上，也就是你我二人活著都沒有意義。看來只有肥羊成功活出了自己的意義，也就是賺錢，一直賺到死亡為止。」

小蝶：「標準愈低的人，愈容易獲得滿足，也愈容易得到快樂。所以肥羊才會每天笑嘻嘻的，因為他太容易賺到錢，太容易得到自己的幸福了。」

幻想一夜致富，恐讓你陷入詐騙集團陷阱

「無善無惡心之體，有善有惡意之動，知善知惡是良知，為善去惡是格物。」──王陽明

這段話是說：善與惡本來就只是道德的規範，在人的本心裡面，是完全沒有任何善惡之分的。之所以會有善惡的區分，那是因為個人的意念和欲望，你想要什麼，你就去做什麼，這樣才會出現善或惡。當善惡已經存在的時候，分清善惡就非常重要。如果能分清何為善、何為惡，這就是良知；如果完全不管善惡，這就是沒有良知。做善事，除去惡行，這就是格物啊！

舉個例子來說：你吃豬肉，會感到罪惡嗎？不會，因為你肚子餓了，弱肉強食，這是自然的法則，有啥好感到罪惡羞愧呢？既然你可以吃豬肉，那如果獅子吃人肉，這樣可以嗎？當然是不可以啊！這是罪惡的。但實際上，對於獅子來說，牠吃人肉，就跟你吃豬肉是一樣的，絲毫不會感到罪惡，「無善無惡心之體」。

但由於有人被獅子吃了，你感到很憤怒，你認為這是有

罪的，你就帶領村民去討伐獅子。你自認為是善良的，但對於獅子來說，你是邪惡的，「有善有惡意之動」。

你對於獅子吃人的反應，導致了你做出討伐獅子的善行，但你也做出了討伐獅子的惡舉。也就是說，善惡對於每一個人來說都是不一樣的，你的善行，就是別人的惡舉。因此你必須努力去分辨善惡，思考除了殺死獅子以外，是否還有其他更好的做法，這就是有名的生態難題——「馬賽族與獅子的衝突」。也就是說，你不應該去指責馬賽族，也不應該去指責獅子，雙方都對，但雙方也都錯，「知善知惡是良知」。

但光是知道這種兩難的衝突沒有用啊！你還是得提出解決的方法。你應該舉辦馬賽族運動大會，讓馬賽族用擲標槍賺取獎金，取代獵殺獅子的傳統成人禮，或是開發旅遊業，讓馬賽族可以當導遊，靠獅子賺到錢。這樣馬賽族就不會計較「獅子吃人」這種小事，皆大歡喜，「為善去惡是格物」。

分辨善惡很簡單啊！讚美善行，批評惡人，大家都會做。但你有認真思考過惡人為何要做惡行嗎？如果你沒有思考

過，如果你只是每天靠著嘴巴叫罵，那麼你非但無法消滅惡人，你還會源源不絕的製造惡人出來。

　　邪惡殺不盡，春風吹又生，要去輔導這些惡人惡行，才能使他們真正改過向善。為何台灣都已經有監獄，卻還是無法減少犯人呢？因為這個社會正在不斷地製造出犯人來，貧富差距、血汗勞工，都不斷地助長犯罪孳生。殺了一個罪犯，還有千千萬萬的罪犯，消滅不完的。

　　就像股市一樣，明明很多人炒短線投機而賠錢，為什麼他們還是不斷的搞短線投機呢？因為他想發財，因為他想賺大錢，因為他沒有別的選擇。所以你光是批評短線投機，是沒有辦法阻止這群年輕人前仆後繼地購買虛擬貨幣，為了發大財冒險犯難。一個年輕人搞當沖破產了，還有千千萬萬的年輕人排隊想搞當沖，每個年輕人都想成為少年股神！靠訂閱課程發財，卻拿不出對帳單的財經網紅，他們的存在，都只是因為年輕人在絕望之下，必然會去求助詐騙集團而已。

　　詐騙集團賣的不是炒股技巧，而是一夜發財的幻想，「就算哥不騙你，也會有別人騙你。哥至少騙錢後，還會捐錢

行善，哥對得起天地良心。」

指責滿腦子想發財的年輕人，批評自認為沒做錯的詐騙集團，都是沒有用處的。我們必須提供年輕人一個正規炒股賺錢的管道，一個真實炒股交易的操作紀錄，甚至教導他如何冒險借錢炒股，這樣才有可能改變這群年輕人想發大財的幻想。也許最後只能改變 1% 的年輕人，99% 繼續堅持投資詐騙集團，但這樣就夠了。至少我們救了 1% 的年輕人，功德簿上再添一筆善行，可喜可賀。

⊙°·⊙°⊙°·⊙°⊙°·⊙°　🐎🐎　⊙°·⊙°⊙°·⊙°⊙°·⊙°

小美：「外資在 2023 年 1 月 3 日至 2023 年 1 月 17 日，『認錯回補』金額達到 1,256 億元。」

小雅：「還以為外資多高竿，結果還會賣低買高，十足的韭菜啊！」

⊙°·⊙°⊙°·⊙°⊙°·⊙°　🐎🐎　⊙°·⊙°⊙°·⊙°⊙°·⊙°

像這種批評外資的行為，就是散戶的「自爽自嗨」心態，外資回補股票，就說回補股票，硬要說成「認錯回補」，

刻意貶低外資以拉抬自己的身價，是典型的散戶「自卑」心態。

2023 年 1 月 3 日加權指數的收盤價為 1 萬 4,224 點，至 2023 年 1 月 17 日，加權指數的收盤價為 1 萬 4,932 點，上漲了 708 點（＝ 1 萬 4,932 點－ 1 萬 4,224 點）。外資看到股價上漲，當然會過來買股票。有錢可賺，當然要賺，這算什麼認錯回補呢？散戶在這段期間也有買股票，為啥不說是散戶認錯回補呢？一個簡單的股票炒作過程，硬要加上「認錯」兩個字，其實就只是在貶低外資，哄粉絲開心而已。小美炒股票功力不怎麼樣，但吹捧粉絲的能力，可真是一流啊！

再來談談股票質押，我在還清所有股票質押的欠款之後，其實是可以再借一次的，認真說來，再借幾次都可以，但利息不見得還是 2%，可能會有所調整。事實上，第 2 次借錢炒股的利息是 2.2%，如果還有第 3 次借錢炒股，利息可能又變動了。

還清欠款後，擔保品也不會自動歸還，會被證券公司一直擺在那裡，你必須去找證券公司拿回擔保品才行。我在

2022 年 12 月 1 日就賣掉借錢買來的股票，2022 年 12 月 3 日交易款入帳後，就還清所有貸款，但我到 2023 年 1 月 30 日才贖回所有質押的股票，擔保品就這樣在元大證券白白放了近 2 個月。我的想法是，萬一股市又繼續大跌，我擔保品還在，方便再借一次 1,000 萬元，不用跟元大證券喬第 2 次。

很遺憾在那段時間裡，股市沒有再次大跌，我在發呆 2 個月後，終於認清這個現實，直接將股票贖回。而在這段發呆的過程中，我是處於零借款的狀態，所以是零利息，沒有任何損失。如果你借款還清之後，擔心自己還會再借第 2 次錢，可以像我這樣，將擔保品先擺在元大證券那，反正也不會額外收保管費。免協商，輕輕鬆鬆讓你再借第 2 次。

2023 年 3 月 16 日，我看到瑞士信貸（Credit Suisse）和美國矽谷銀行（Silicon Valley Bank）倒閉，別人恐慌我貪婪，遂再向元大證券借 1,200 萬元。至截稿日的今天，還沒有處分完這 1,200 萬元的借款，但我可以告訴各位，第二波借錢炒股，我又賺了不少（詳細數字公布在 Chapter 07）。

　　很多股票質押的細節，其實我自己也不清楚，就連我兒子願不願意簽名，其實我都沒把握。這世上永遠有很多那種牛皮吹很大，但真要他簽名，直接縮回去的「吠人」。我也不曉得我兒子是不是這種吠人？畢竟翁家有吠人的遺傳血統，難保不會隔代遺傳。還好我兒子沒有繼承他祖父的吠人基因，真是可喜可賀。

　　在第 1 次向元大證券借款、負債 1,000 萬元的巨大壓力之下，我兒子竟然還很高興的四處向人炫耀，似乎欠銀行錢是一種很高尚的行為。而當我還清貸款後，兒子問我：「啥時要去借 2,000 萬元來炒股？」看來他是借錢借上癮了。歷經 16 年的洗腦，兒子的股票思想果然愈來愈像我，不愧是一個專職操盤手。到我第 2 次借 1,200 萬元時，他甚至跑去買了遊戲《聖火降魔錄》的 DLC（註 1），真是歡樂啊！

　　身為一個優秀的操盤手，你就應該是個變態才對。兒子能否當個優秀的操盤手？我不知道，但變態是絕對的。好的變態是成功的一半，翁家有救啊！

小美：「股利要繳所得稅，應該在除權前賣掉，除權後找機會買進，這樣才能避開所得稅。」

小雅：「價差交易耶！小美網紅操作好靈活，我也不想讓政府課到稅。」

年薪未逾百萬元前，不必擔心繳稅問題

所得稅問題每年都有人問，每年都要解釋一遍，解釋到都煩了。這裡以正港的台灣專職操盤手（我 23 歲的兒子）為例：他在 2021 年領的股利是 92 萬 5,000 元，退稅 5 萬 3,000 元。只要你的股利所得沒有超過 94 萬 1,000 元，很難去扣到稅，除非你本身所得稅率已經達到 30%。

常看到一堆年薪 50 萬元的人，在煩惱股利需要繳稅，這些人真的是很瞧得起自己。窮人買股票一律都是退稅的，有錢人買股票才需要繳稅，如果你的年薪沒有超過百萬元，

註1：DLC指遊戲開發商所發布的額外內容，需要透過網路下載安裝後才能在原有的遊戲中使用。

就不用浪費時間煩惱這個問題了。

2022 年，我兒子的股利所得達到 132 萬元，超過 94 萬 1,000 元的股利免稅額 37 萬 9,000 元（＝ 132 萬元－ 94 萬 1,000 元），但繳的稅金依舊很少，只有 1 萬 3,000 元。所以我很難理解那群貧窮的散戶，為何需要每天擔心自己繳多少股利所得稅呢？自我膨脹真厲害啊！

努力學習肥羊炒股術，才能讓你真正的財務自由，至少我兒子做到了，各位只要努力點，多買些股票，每年領現金股利一樣，可以做到。

───────────────────────────────

小美：「我買了幾十張中信中國高股息（00882）來抱股過年。」

小雅：「小美網紅好棒喔！進出紀錄交代得很清楚。」

小美：「我還另外買了國泰美國道瓊反 1（00669R）幾十張。」

小雅：「小美網紅好神喔！這次美國道瓊工業平均指數 2 天下跌 1,000 點，等著過年領紅包囉！」

　　實在是看不出小美網紅的交易紀錄，哪裡清楚？幾十張到底是多少張呢？從 20 張到 99 張，都算幾十張，所以到底是幾張呢？00882 和 00669R 這 2 檔 ETF 的屬性剛好相反，也就是一檔 ETF 股價上漲，另一檔股價會下跌，這就是標準的漲跌通壓。

　　如果過年後股市大漲，小美就說，雖然我買了 30 張 00669R 賠錢，但還好我持有的 60 張 00882 賺錢，一賺抵一賠，還是算賺錢；如果過年後股市大跌，就說雖然我買了 30 張 00882 賠錢，但還好我持有的 60 張 00669R 賺錢，一賺抵一賠，還是算賺錢。反正不管過年後股市如何漲跌，小美網紅永遠會賺錢，真的是紙上操盤，絕對無敵。

　　只要是不願意出示對帳單的財經網紅，都是詐騙集團，永遠別信任那群，每天叫你花錢訂閱課程的畫虎爛大師。

沉得住氣
才有機會贏得勝利

　　在日照大權現（肥羊王）的葬禮上，各國國王齊聚一堂，小羊王和肥羊族 3 大重臣（大鴻臚、大司馬、大司農）在台上發表演講。

　　小羊王：「我們已經成功和狼族達成交易，用 1,000 萬隻無用的山羊族，換來 500 萬隻綿羊族的解放，這是肥羊族有史以來最偉大的成就。」

　　大司農：「日照大權現終其一生的努力，不過是解放了 100 萬隻綿羊族，小羊王只花了不到 1 年的時間，就解放了 500 萬隻綿羊族。由此看來，小羊王的能力是日照大權現的 5 倍以上，果真是青出於藍，勝於藍。」

　　大司馬：「30 萬肥羊族士兵或者遺屬，都得到 2 隻母羊

和 10 甲田地，許多立有戰功的羊，賞賜遠遠不只如此而已。」

大鴻臚：「解放後南下的 250 萬隻母羊，扣除肥羊族士兵挑走的 60 萬隻，還約剩 190 萬隻母羊。」

大司農：「解放後南下的 250 萬隻公羊，已經全數投入農業生產，將會大幅度增加我國的糧食生產。為了激勵這 250 萬隻公羊努力工作，我們會賞賜耕作勤奮的公羊，1 隻母羊和 1 甲田地。」

大司馬：「我本來只是一個非常貧窮的平民，為了躲債跑去當兵，現在已經是如此的富貴。這一切都要感謝小羊王的英明領導，賜我吃，賜我穿，賜我欠錢不用還。」

大鴻臚：「肥羊族是一個公平的世界，任何羊只要肯努力，都能得到一切想要的。」

演講結束，蕃羊王把猛羊王拉到安靜的角落，小聲的講起悄悄話。

蕃羊王：「你看我們今天參加的，是肥羊王的葬禮，還是小羊王的拍馬屁大會呢？狼族手上還控有上百萬隻綿羊族，但牠們竟然說得像是綿羊族已經徹底被解放了，還說小羊王的能力是肥羊王的 5 倍，這像話嗎？沒有肥羊王

打下的基礎，小羊王怎麼可能有今天呢？這馬屁也拍得太扯。」

　　猛羊王：「小羊王徹底併吞山羊族，高興之餘，手下講些歌功頌德的話語，也是難免啦！」

　　蓄羊王：「用 190 萬隻母羊賞賜 250 萬隻公羊，就更扯了。很明顯的分配不均，還誇耀肥羊族是個公平的世界，60 萬隻公羊娶不到老婆，到底哪裡公平啊！應該要叫 30 萬隻肥羊族士兵或者遺屬，吐出 60 萬隻母羊，很多士兵原本就有老婆，還娶 2 個細姨，像話嗎？還有那個大司馬，我聽說先前有個債主，聽到大司馬富貴後，就跑去牠家討債。1 個月內，債主一家 7 隻公羊，全部被調去最前線打仗。後來 4 隻羊戰死、2 隻羊重傷，債主家族整個驚恐萬分，靠賄賂大司馬，讓剩下的最後 1 隻公羊順利退伍。強娶民女、欠債不還、濫用權勢、貪汙腐敗，世間的不公不義，莫過於此。」

　　猛羊王：「戰死雙倍獎勵，重傷同等獎勵，退伍也有獎勵，我看這個家族，至少可以分配到 110 甲田地和 22 隻母羊。剩下那 1 隻公羊，可得把身體練強壯一點，否則會吃不消啊！再說肥羊族是全民皆兵，債主一家 7 隻公羊都沒當兵，才奇怪吧！像這種戰死重傷的事情，只要肥羊族覺得公平就好了，劍羊族只是區區一個從屬國，哪有能力發表意見

呢？」

蕃羊王：「你好歹也是個國王，實在是沒必要事事聽從肥羊族的。不如加入我這邊，一起反抗氣焰囂張的肥羊族，我保證以平等的方式對待你，絕對不會把你當成從屬國看待。」

猛羊王：「弱國無外交，哪邊強，我就加入哪邊，這就是弱國的生存之道。」

蕃羊王：「那我就當你答應了，我再去找蒼狼王商量，共組『反肥羊族聯盟』。」

蕃羊王離開後，水羊王過來找猛羊王搭話。

水羊王：「剛剛蕃羊王和你說什麼？」

猛羊王：「牠說要找蒼狼王，共組『反肥羊族聯盟』。」

水羊王：「狼族才剛打贏鎮北將軍雪狼，目前還在掃蕩鎮西將軍砂狼的餘孽，哪有餘力對抗肥羊族，再說要對抗肥羊族，為何不找我呢？」

猛羊王：「看你和肥羊族走太近，怕洩漏風聲吧！」

水羊王：「難道你就跟肥羊族疏遠嗎？你不就是在洩漏風聲嗎？」

猛羊王：「我只是不想選邊站而已，這是弱國活下去的

唯一做法。」

水羊王：「你洩漏風聲，就是選擇站在肥羊族這一邊，你為何不看好蕃羊族呢？」

猛羊王：「那種看到山羊族屍體構築的『京觀』，就嚇到逃走的蕃羊族，誰會支持牠呢？」

水羊王：「所以你認為蕃羊族根本不敢反抗肥羊族，牠只是單純在叫囂，根本就沒那個膽識。」

猛羊王：「蕃羊族就是爛，所以當初山羊王子才會想先平定東邊的蕃羊族，而不是先出劍羊關擊退水羊族，結果中了肥羊王的計謀。」

水羊王：「你怎麼知道是肥羊王的計謀呢？你怎麼知道不是小羊王的計謀呢？你怎麼確定肥羊王在四羊同盟後還活著呢？你看過肥羊王嗎？你確定垂簾聽政時，簾子後方躲的是肥羊王嗎？搞不好只是肥羊王的雕像而已。」

猛羊王：「水羊族貴為肥羊族的同盟國，都沒在四羊同盟後看過肥羊王了，我又怎麼有這個榮幸見到肥羊王呢？至於肥羊王啥時死的，很重要嗎？有誰在乎那個棺材裡躺的是誰嗎？反正歷史是勝利者寫的，既然小羊王決定肥羊王死於敦克河之戰，那肥羊王就是死於敦克河之戰。至於肥羊王的屍體，是否在北伐狼族時偷偷埋葬於第 4 號牧場，又有誰在乎呢？」

水羊王：「勝利的肥羊族，說什麼都是對的；失敗的山羊族，說什麼都是錯的。至於像蕃羊王那種，只會叫囂的傢伙，就是典型的酸民，理睬牠根本是浪費時間啊！」

猛羊王：「就讓蕃羊王去找蒼狼王，碰一鼻子灰吧！讓牠看看自己的能力有多麼低落，實力如此不濟，還想反抗肥羊族，酸民根本就是個笑話啊！」

肥羊流派集長線與短線為大成，更具優勢

總是會有人問：「肥羊這樣搞肥羊派波浪理論，有什麼用處？能夠賺多少錢呢？」我現在就實實在在地告訴各位，我們在 2017 年買進的中信金（2891），經過多年的操作，1,004 張中信金，總投入資金為 1,130 萬 4,000 元，成本已經降到 11.26 元（＝ 1,130 萬 4,000 元 ÷1,004 張 ÷ 每張 1,000 股）。

如果你依照正規長期投資的手法，在 2017 年 7 月用 20.7 元買進中信金，現金股利 6.38 元（持有期間總和），你的成本還掛在 14.32 元（＝ 20.7 元－ 6.38 元）。使

用本流派的手法，成本會比長期投資派還要低 3.06 元（＝
14.32 元－ 11.26 元），降低幅度 21.37%，（＝ 3.06
元÷14.32 元×100%）。等這一波借的 1,200 萬元還
完之後，預估成本還可以進一步壓縮到 9 元，但由於這是
以後才會發生的事情，所以我就不做太多的解釋，以免誤
導粉絲。

　　一開始先大量的購買股票，操作之後，再賣掉一部分持
股，有效降低成本，這就是肥羊派波浪理論的優勢。接著
再把賣掉股票的錢，拿去投入下一家公司，連鎖效應之下，
手上持有的公司家數將會愈來愈多，而成本也會愈來愈低。

　　肥羊流派的最終階段，就是壟斷整個金融界，因為台灣
金控只有 14 家（註 1），非常容易壟斷。等本肥羊壟斷所
有金控以後，你刷信用卡繳稅，是我家的信用卡讓你刷；
你跟銀行借錢創業，是我家借錢給你；你炒股買 ETF，是我
家跟你收手續費。你的一切生活，無論是休閒娛樂或是投
資理財，全部都在我的掌控之下。肥羊集團徹底壟斷了一
切，整個台灣最後會落入翁家的手裡，這就是我的最終目
標。欲征服台灣，必先征服股市；欲征服股市，必先征服
金融。

　　我們持有的 222.3 張富邦金（2881），總投入資金為 972 萬 4,000 元，成本已經降到 43.74 元（＝ 972 萬 4,000 元 ÷222.3 張 ÷ 每張 1,000 股）。國泰金（2882）就遜了，242.7 張國泰金，總投入資金為 1,122 萬 8,000 元，成本 46.26 元（＝ 1,122 萬 8,000 元 ÷242.7 張 ÷ 每張 1,000 股）。這證明國泰金還得多操作幾年，才能慢慢把成本壓到比市價還低。

　　我今年還有布局元大金（2885），目前持有 64 張，總投入資金為 139 萬 9,000 元，成本 21.86 元（＝ 139 萬 9,000 元 ÷64 張 ÷ 每張 1,000 股），目前元大金是處於賺錢的階段。預定元大金將會布局 200 張，花費時間 5 年，不過這也是個預估而已，未來的事說不準啦！

　　另外，我目前有 212 張富邦金、235 張國泰金、4 張中信金被扣押在元大證券。元大證券認為這些股票都是它的，

註1：台灣14家金控為：華南金（2880）、富邦金（2881）、國泰金（2882）、開發金（2883）、玉山金（2884）、元大金（2885）、兆豐金（2886）、台新金（2887）、新光金（2888）、國票金（2889）、永豐金（2890）、中信金（2891）、第一金（2892）、合庫金（5880）。

所以股票存摺上的數字，會和我實際持有的數字出現落差。債主最大，只能尊重元大證券了。這些被元大證券扣押的股票，依舊可以賣掉，賣掉的錢會直接匯給元大證券，找剩的才給我。但是在還沒還清 1,200 萬元之前，是不可能有剩的。現金股利算我的，但股票股利算元大證券的，反正一切就是照著元大證券的規矩走，不然還能怎麼辦呢？

肥羊流派這種融合長線和短線的炒股手法，就是極具競爭優勢，為了取信大眾，所有書都會附上交易紀錄（詳見自序），歡迎各位讀者自行驗證。由於肥羊流派比長期投資派和短線投機派，更具競爭優勢，結果就是長期投資派和短線投機派，共同轟炸我。長期投資派批評我借錢炒股，太過冒險，無意義的買賣交易太多；短線投機派則批評我賺錢速度太慢，沒有本金要怎麼賺錢？集兩派為大成的結果，就是被兩派共同圍剿，裡外不是人啊！

不過，如果長期投資派和短線投機派這麼會賺，實力又贏我一大截，為啥還需要開訂閱課程來向粉絲收錢呢？話講得道貌岸然，滿口仁義道德，活像聖人再世一樣，實際上的所作所為，似乎不是如此喔！反倒是崇尚黑暗的肥羊流派，儘管都是顛覆世間傳統價值的反骨思想，卻從未向

粉絲收取過任何訂閱費用。長期投資派、短線投機派和肥羊流派，三者的人品高低，一目了然啊！

　　其實沒有本金，就去借錢啊！銀行的大門，永遠為窮人而開。嫌我賺錢速度太慢，更是鬼扯。我在 2022 年 9 月 30 日借 1,000 萬元炒股，2022 年 12 月 1 日賣出，2 個月賺了 171 萬 4,000 元，1 個月就是賺 85 萬 7,000 元，每個月 8.57% 的獲利幅度（＝ 85 萬 7,000 元÷1,000 萬元 ×100%），將近一個漲停，哪裡賺得慢呢？接著我在 2023 年 3 月又借了 1,200 萬元，雖然還沒結清，無法計算最後賺了多少，但我可以告訴各位，這筆借款在 2023 年 5 月 9 日是賺 95 萬 4,000 元。總計 2 次借錢炒股金額合計是 2,200 萬元（＝ 1,000 萬元＋ 1,200 萬元），獲利為 266 萬 8,000 元（＝ 171 萬 4,000 元＋ 95 萬 4,000 元），真希望多來幾次崩盤，抄底太好賺了。

　　短線投機派就是不肯承認自己炒股賺不到錢，又沒膽去借錢炒股，才會批評別人，他自己鈔票是又賺多快呢？當沖一整年，一無所獲，像這樣的短線賺錢方式嗎？其實搞當沖，就證明這些人不會看短線，每次看當沖的人在那邊賺 50 元～ 100 元，就覺得很好笑。他如果當真會看短線，

弄個漲停，不是更賺嗎？又何必浪費時間賺當沖的 50 元～100 元，連買便當都不夠啊！？

　　長期投資派的批評就更扯了，炒股不冒險，你又何必炒股呢？把錢拿去放定存，不是更安全嗎？所謂的定存股，本身就不存在於世界上，因為股票價格會波動，現金股利也未必發得出來。想在股市裡面找檔股票安穩的領股利，這本質上就是不可能的任務。

　　至於肥羊流派，太多無意義的買賣交易，則是為了讓本流派的成本，壓得比長期投資派還低，以後就可以把股票倒給長期投資派了。可能是肥羊流派這種打壓股價的傾銷手法，刺激到了長期投資派，才會遭來批評。

　　本肥羊炒股是為了賺錢，不是為了讓別人尊重，長期投資派怎麼想，我根本不在乎。我今天用股票質押買來的股票，以後統統都會賣掉，用金控的錢炒金控的股票，獲利統統算我的，無本炒股就是爽。

　　其實長期投資也好，短線投機也罷，大家學炒股，不就是為了賺錢嗎？如果當真覺得自己比別人厲害，把交易紀

錄掏出來，用鈔票分個輸贏，不就好了，講那麼多廢話做啥？不敢拿出自己的交易紀錄，只敢躲在背後攻擊別人，這種做法，和那個沒路用的蕃羊王，又有什麼差別呢？

股市是一場戰爭，而鈔票是你的武器

我肥羊一族，專注於研究自家的股票，完全不管其他人的想法，就連加入臉書（Facebook）社團「股市肥羊」，都得核對口令，必須回答「山羊愛挑毛病」，否則不讓你進社團。這就是為了避免其他閒雜人士，混進社團裡面，汙染了社團風氣。

再次強調，臉書社團「股市肥羊」不是一個公開社團，而是一個只屬於肥羊族的私密社團。你想加入沒關係，但不准在社團裡面發表亂七八糟的言論，否則一律永久封鎖。肥羊律法之前，眾生一律平等，即使你是我的親戚或朋友，也沒有絲毫例外。

肥羊族是一支軍隊，全民皆兵，一切按照軍法行事，說啥做啥，我不希望聽到任何其他的意見。為什麼肥羊王的故事，從頭到尾都是用戰爭來表現，就是為了讓大家了解

軍令如山的重要性。股市就是一場戰爭，鈔票就是你的武器，我就是指揮官。隨著肥羊王的過世，肥羊故事系列也正式宣告結束了。但「炒股視同作戰，抗令者當場射殺」，這一點是永遠不會改變的事實，至少肥羊族永遠都是如此。

以前我學炒股的時候，一直很感慨，所有股市的書籍，理論太多，實戰太少；過去的輝煌歷史強調太多，未來的規畫敍述太少，全部都是畫虎爛的理論和畢卡索般的線型。這些股市書籍，連一本能拿來實戰的都沒有。

我花了很多時間自己摸索，從 12 歲開始研究股票，25歲投入實戰，37 歲營業員才叫得出我的名字，49 歲終於在股市裡面有點小小的成就，這整整花了 37 年的時間。我浪費了太多時間，在實驗哪種股票理論可行？哪些人講的話不能聽？哪些新聞全部是廢話？最後的結果是，99%的人，講話都不能聽；剩下的 1%，則只會講理論，比如股神巴菲特（Warren Buffett），關於股市如何操作，他完全不提。

巴菲特提出來的股票理論，和波克夏（Berkshire Hathaway）的實際持股報告，兩邊完全對不上啊！所謂的

巴菲特長期投資理論，是否真的存在於這個世界上呢？把巴菲特在股東會時寫的公開信收集起來，然後説這就是巴菲特親筆所寫的長期投資理論，這會不會太扯呢？世界上的巴菲特書籍，沒有任何一本是巴菲特親筆所寫，穿鑿附會、生拉硬拽、郢書燕説、牽強附會、強作解人，這就是長期投資派不敢面對的真相。

　　股市的所有理論，都必須靠我自己，一點一滴建立起基礎，真的是很浪費時間啊！「十年一覺發財夢，贏得股市肥羊名。」以醫學系的資質，尚且需要 37 年才能摸索出股市的道理，如果是一般人的水準，根本不可能理解股市如何炒作。只能終身被詐騙集團用股票專業術語欺騙，訂閱一堆無用的股市課程，不斷進貢鈔票而已。我不希望這種事情一再的重演，也不希望像我媽這樣的傻呆，日復一日的出現。雖然我也不可能阻止任何事情，畢竟我連自己的老媽都無力阻止了。

　　那些財經網紅並不是真的想搞短線投機，只是他們的眼光太淺，看不到未來，所以才搞短線投機，這樣無論明天漲跌，他都能繼續瞎掰。最近還流行當沖，這樣連 15 分鐘後的漲跌，他都能夠畫虎爛，輕鬆用 Excel，事後製作對

帳單。整個財經投資界只知道賣訂閱課程，廣告打得到處都是，炒股觀念全無，難怪股市是詐騙集團最氾濫的地方。

　我試著去扭轉這個財經網紅騙錢的趨勢，但也許根本做不到，畢竟我沒有財經公司幫忙打廣告。不花錢行銷，就不會有人理你，總之，凡事盡力就好，成敗無所謂啦！就連書能不能賣出去，也沒關係。我是醫師，又會炒股，版稅也沒多少，實在是不用太過介意啦！今天承蒙大家看得起我，我就出來帶領大家實際炒股，糾正各位的問題點。如果哪一天，大家覺得自己就能夠炒股，不需要肥羊教導，我隨時隨地都可以一鞠躬下台。反正損失的是你，不是我，又何必介意呢？

　再來介紹一下肥羊王的故事，可能有人以為這些故事是在充版面騙錢，其實不是這樣的。對一個醫學系的人來說，廢話要寫幾百萬字，就有幾百萬字，實在是沒必要瞎掰一個故事來騙錢。肥羊王的故事，其實才是本書的最精華，這充分反映了我本人的思想。只是思想這玩意，用講的你沒辦法理解，所以才寫成故事。就像古代的莊子要借錢一樣，明明自己快餓死了，卻要說成是魚快渴死了（註2）。用寓言故事來講解股市的道理，我認為是比較簡單易懂的。

　　肥羊王其實就是講我，第 4 號牧場就是我小時候住的貧民窟，鱷魚河就是阻礙我的人事物。我之所以能夠有今天的成就，是因為我完全不管他人的評價，專心做我自己，才能夠累積到今天的財富。肥羊王之所以跳下鱷魚河，是為了展現我的勇猛無懼。而故事中沒有出現肥羊王的老婆和老媽，是因為這兩個女人都是阻礙，但又不方便罵她們，所以乾脆不寫。好女人讓你上天堂，壞女人讓你下地獄。我的老媽和老婆，都不是好的女人，但我又趕不走她們，唯一的做法就是限制住她們，不讓她們亂搞。在故事的最後，由小羊王繼承王位，則是象徵了我將股市操盤手傳承給兒子。

　　肥羊王的故事裡面，有出現很多的法律，滿多合理的法律，例如拒絕反抗狼族的 107 號牧場全數處死；也有滿多不合理的法律，例如 1 隻母羊必須生 10 隻小羊。無論合理或不合理，法律就是法律，觸犯法律的下場永遠只有一個，就是殺。而犯法的很多都是家人，像水羊王的姊姊和父親（註 3），這就是告訴你，炒股最該提防的就是家人。

註 2：原文請見《莊子・外物》。

註 3：詳見《崩盤照買的股市肥羊心理學》Chapter 4。

我如果聽信老媽和老婆的言語，讓這兩個女人好好享受人生，我應該到目前為止，還在繳房貸，終身在急診室工作，一直到過勞死為止。

這世上沒有任何人應該賺錢讓家人享受，請拒絕無意義的感情勒索。也就是說，我沒必要讓老媽和老婆過好日子，應該是她們兩個女人要讓我過好日子才對。愛我，就應該要讓我享受人生，別問我愛不愛老媽和老婆？如果你一定要問，答案就是不愛。我只愛對自己事業有幫助的女人，如果女人無法對我的事業有所幫助，我就是不愛她。我沒離婚，不表示我疼妻子，只是代表我找不到能幫助自己事業的小三而已。

如果有個女人（男人），會因為你不拿錢給她花，就說你不愛她，那就證明她真的是不愛你，否則她一定會拿錢給你花，畢竟按照她的邏輯，愛她就是要給她錢花。既然她不願意給你錢花，還拚命花你的錢，那她就是不愛你，不用對敵人太客氣。我不是在替你的婚姻製造衝突，因為你的婚姻裡面本來就充滿了衝突，我只是點出你不敢面對的真相而已。需要靠撒鈔票來維持的愛情，就證明這一切不過是金錢交易而已。

醫師的薪水，說少不少，但如果要夠兩個女人（老婆和老媽）花，這點錢還差太多了。我有許多學長都不相信自己的家人很會花錢，結果就是家產被敗得乾乾淨淨。堂堂醫師，口袋裡卻掏不出錢來，65 歲還必須在急診室日夜輪班，這就是女人敗家的威力。

如果妳是個女人，請務必提防妳的丈夫，我不是要破壞妳們夫妻之間的感情，只是告訴妳婚姻的現實而已。好男人養妳一輩子，壞男人讓妳養一輩子。看到許多財經網紅都是靠老婆賺錢養家，自己卻躺在家裡，每天上網吹噓自己炒股賺多少，我就替他老婆深深感到悲哀。

「一時貪得阿君美，癡情眼睛糊到蛤仔肉；一隻嘴猴蕊蕊（註 4），為君假愛來吃虧。」永遠不要相信家人，這是我最重要的勸告，孝順父母，疼愛妻子（丈夫），都不過是個虛名罷了，自己口袋裡有錢才重要。

註4：「眼睛糊到蛤仔肉」為台語方言，用來譏諷一個人不長眼睛，沒眼光。從醫學來講，這是一種疾病，叫做眼翳（翼狀贅肉），嚴重時，甚至必須手術切除，以免妨礙視力。「一隻嘴猴蕊蕊」也是台語方言，用來譏諷一個人口若懸河、舌燦蓮花，只會講好聽話而已。

　　說到長期投資派，就得提到巴菲特，公認的長期投資派創始人，但巴菲特真的是長期投資派嗎？巴菲特在 2022年第 3 季，買進 41 億美元的台積電 ADR（以匯率 30.5元計算，約合新台幣 1,250 億元），但到 2022 年 12 月時，已經賣掉 86% 的持股，剩下一些零頭而已。3 個多月就賣掉股票，你跟我說巴菲特是長期投資派，誰信啊！

　　這世上本來就沒有所謂的長期投資派，那都是一群散戶自己幻想出來的結果。因為這群散戶人數太多，就自以為正確，開始宣揚他的幻想理念，長期投資派就是這樣被一堆人隨口瞎掰出來。

　　股票要經過挑選，不是隨便一檔股票都能買的，公司如果太爛，也必須賣掉，不是每檔股票都能長期投資。炒股要沉得住氣，不能恐慌，不管新聞寫啥，都別看；無論別人說啥，都別聽。炒股是一個人的孤獨競賽，學學肥羊，每天搞自閉，這樣才能領悟肥羊兵法的最奧義。

　　你以為只要在炒股前面冠上個「長期投資」，你就會賺錢嗎？真是傻了，這世界沒有那麼好生存的。每次看到一堆長期投資航運股和電子股的散戶，我就在想，他們肯定

是賠得很慘，才會一直長期投資到現在。長期投資不過是很多人不敢面對自己炒股賠錢時，裝瞎用的墨鏡而已。

在故事中，最後滅掉了山羊族，這是我的觀點，徹底消滅所有講風涼話的反對者，如果反對者是家人，就更應該滅了他，絕對不能允許身旁有任何唱反調的人存在。這不是專制，這叫做貫徹掌權者的權威，一個家庭如果是多頭馬車，必敗無疑。領導者只能有一個人，剩下的人必須服從，如果對領導者有意見，那就推翻他，正如同肥羊推翻自己的老媽一樣。互嗆改變不了任何現實，滅了對方才能改變現實。

我知道很多酸民都會說自己是忠言逆耳，是一個大忠臣。要知道古代的忠臣，都是被拖出去斬首示眾，所以你更應該消滅這群唱衰的酸民，讓他像一個忠臣般的死去，這樣才能證明他真的是個忠臣。人必須為自己說的話負責任，隨口說話又拿不出證據的人，都必須接受懲罰，我生平最痛恨虎爛仔。

當然很多人會質疑，為何不滅掉狼族呢？這樣才符合公平正義啊！其實這個世界，從來沒有所謂的公平正義，老

闆啥都不做，躺著數錢；你操到半死，繳不起房貸。既然現實世界裡沒有公平正義，本肥羊的故事裡，也不可能出現公平正義，依據現實世界描寫，是本肥羊一貫的堅持。那種虛假的仁義道德，連小學生都不相信，你就別拿出來講，省得丟自己的臉。

狼族意味著統治階級，也就是政治家和大商人，你是不可能滅掉統治階級的。如果有天你真滅掉統治階級，那就是你變成統治階級而已，事情不會有任何改變，公平正義照樣蕩然無存。狼族永遠不滅，差別在於誰當上狼族而已。

台灣有 3 大笑話：

1. 房價會崩盤：崩了 50 年，愈崩愈漲，今日不買房，明日就後悔。

2. 中國會打過來：50 年了，我還沒看到半個解放軍，中國觀光客倒是來了不少。

3. 投資詐騙集團會賺大錢：騙術年年都一樣，傻呆騙不完，春風吹又生啊！

如果你看不透這 3 大笑話，或者你本身就深信著這 3 大笑話，那你也不過是跟我媽同智商的傻呆而已。希望你的

小孩夠成材，有錢送你去住安養院，否則等你老了，就自己一個人對著牆壁懺悔吧！如果你窮到沒房子住，只好請你去龍山寺，對著觀世音菩薩懺悔。大部分的家人，都不會想理睬貧困的父母，指望里長孝順你，還比較實際。或許你覺得我講話很不孝，但敗光家產的你，又何曾稱得上是孝順呢？父不父，子必然不子，檢討小孩不孝之前，先想想自己做了什麼吧！

在故事的最後，所有肥羊族士兵和遺屬都分到 2 個老婆和 10 甲田地，戰死者甚至加倍。這就是我對各位的承諾，跟隨我炒股，會讓你們的物質生活獲得富裕，算是應許之地啦！可能有很多女人會抗議男女不平等，這一點我也沒辦法，古代打仗就是這個樣子，但至少妳可以得到 10 甲田地。當然，10 甲田地只是一個財富的象徵，你別當真跑來跟我討 10 甲田地，不然我也只能請你去淡水河的沙洲，自己開墾 10 甲了。

跟隨肥羊，一生肥美；聽信酸民，一世窮酸。這是我對自己許下的承諾，也是對粉絲的承諾，至少到 2023 年 5 月 9 日為止，我做到了。從 2017 年起就跟隨我一起買賣的粉絲，相信都在股市撈了不少錢，財富至少也增加了 1

倍。至於純看戲的粉絲，你啥都不可能得到，繼續窮一輩子吧！

　　再來提一下，我可愛的兒子，他有個好老爸，所以不用上班，每天專心炒股票就好。雖然他只是每個月跑去元大證券買股票，99% 的時間都在打電玩、追動漫、畫很滯銷的畫，但是這樣就夠了。肥羊流派炒股時間一向很短暫，每天花不到 3 分鐘，這是為了讓你有時間專心上班，照顧家庭。我在 2022 年 12 月 3 日，叫兒子還完股票質押的1,000 萬元後，和兒子說了一段話。

　　肥羊：「你已經是一個合格的操盤手了。」

　　兒子：「可是我什麼都沒做耶！」

　　肥羊：「你在借 1,000 萬元的契約上簽名，因為這個簽名，我們翁家獲得了 171 萬 4,000 元的財富。如果你當時學你老媽拒絕簽名，我也拿你沒辦法，只是你永遠都沒辦法成為操盤手而已。但你簽名了，所以你已經是一個合格的專業操盤手，拿出點自信來。」

　　兒子：「簽名就夠嗎？不用做事，也能夠成為操盤手嗎？」

　　肥羊：「重點在於決策，而不在於做事。掌握關鍵的人，就算每天睡覺，也能為自己帶來無止境的財富；只會做事的人，就算每天努力工作，操到過勞死，依舊一無所獲，單純被社會的價值觀壓迫致死而已。許多人之所以努力做事，單純是為了掩飾自己的無能而已，真正有能力的人，根本就不需要做那麼多事。」

　　兒子：「等你死後，我有辦法自己靠炒股生活下去嗎？」

　　肥羊：「可以的，兒子，你已經有這個能力了。炒股最難的點在於資金和技術，我當年在這2個問題上卡了37年，才獲得解決。但兒子，你沒這個困擾，你要的資金，我給你；你缺的技術，我教你。握有資金和技術的你，最欠缺的就是膽識，但你在1,000萬元的股票質押文件上簽名，證明了你的膽識，你合格了。」

　　兒子：「如果我只是相信你會替我還這1,000萬元，所以才簽名的呢？」

　　肥羊：「至少你願意相信我，至少你不會懷疑我，光憑這一點，你就超越90%的肥羊族了。太多的肥羊族懷疑我，不相信我的理論，不願意跟隨我一起買賣股票，他們雖然沒說出口，但我都看得出來，只是不想講而已。」

　　兒子：「那麼我以後該做什麼呢？」

　　肥羊：「什麼都不用做，照常打電玩、追動漫、畫很滯

銷的畫。記得每天晚上向我回報股票，每個月去趟元大證券買股票，這樣就可以了。恭喜雲林縣虎尾鎮年輕的 23 歲專業操盤手誕生，你正在用打電玩的努力，輕鬆愉快地賺到 171 萬 4,000 元。這是那群拼死拼活，努力讀書考大學的年輕人，怎樣都無法達到的成就，會做事沒用，會決策才有用。」

最後是大家最關心的資產變化。以目前持有的股票來看，其價值（採四捨五入至千元計算）為：

1. 中信金：

持有 1,004 張，以 2023 年 5 月 9 日收盤價 23.3 元計算，價值 2,339 萬 3,000 元（＝ 23.3 元 ×1,004 張 × 每張 1,000 股）。

2. 富邦金：

持有 222.3 張，以 2023 年 5 月 9 日收盤價 59.5 元計算，價值 1,322 萬 7,000 元（＝ 59.5 元 ×222.3 張 × 每張 1,000 股）。

3. 國泰金：

持有 242.7 張，以 2023 年 5 月 9 日收盤價 43.5 元計算，價值 1,055 萬 7,000 元（＝ 43.5 元 ×242.7 張 × 每張 1,000 股）。

4. 元大金：

持有 64 張，以 2023 年 5 月 9 日收盤價 23 元計算，價值 147 萬 2,000 元（＝ 23 元 ×64 張 × 每張 1,000 股）。

2023 年 3 月向元大證券股票質押，負債 1,200 萬元，手上還有現金 675 萬元。由於元大證券不讓我在 6 個月內還錢，導致我身旁囤積太多現金，這是一種很嚴重的資產浪費。所以我跑去元大定存 625 萬元，手上只保留 50 萬元現金。定存的利息是 1.12%，期間 4 個月，到期後，剛好準備還元大的股票質押 1,200 萬元。如果再加上現金股利和薪水，預計 2023 年 9 月 16 日那一天，至少可以還 850 萬元。當然一切都只是規畫，也許我到時又把 850 萬元投入股市，購買股票。原則上，在還清債務之前，我股票賣了，就沒打算再買回。當然，一切只是原則，未來的一切，說不得準。

就上述資訊來看，目前的總資產為 4,339 萬 9,000 元（＝ 2,339 萬 3,000 元＋ 1,322 萬 7,000 元＋ 1,055 萬 7,000 元＋ 147 萬 2,000 元－ 1,200 萬元＋ 675 萬元），上一本書的總資產為 4,368 萬 8,000 元，減少了 28 萬 9,000 元（＝ 4,368 萬 8,000 元－ 4,339 萬 9,000 元），減少幅度為 0.66%（＝ 28 萬 9,000 元 ÷4,368 萬 8,000 元 ×100%）。這點損失金額，幾乎可以忽略不計了。

大家都説崩盤很可怕，但就本肥羊看來也不過爾爾，相較之下老婆（老公）的干涉要來得可怕多了。想起去年崩盤最嚴重的時候，資產損失高達 800 萬元，當真是噩夢一場，但夢醒後，一切就結束了，沒有留下絲毫的影響。受到通貨膨脹的影響，股市的加權指數就是年年上漲，實在沒有必要因為一時的崩盤而感到任何畏懼。

自 1999 年開始炒股，目前股票總獲利為 2,694 萬 4,000 元。如果你問我這世上什麼錢最好賺，無疑的就是股票錢。房地產的錢並不好賺，光是每天弄那個馬桶和水電，就可以讓你精神崩潰，更別提還有一群惡劣的房客，不繳房租，四處搞破壞。

　　炒房傷神費力，還是炒股好，輕鬆躺著賺。炒股就是要扛得住壓力，特別是你老婆（老公）的壓力。抗壓成功，炒股就是大賺特賺；抗壓失敗，炒股絕對會賠錢。

　　經常有人問我：「崩盤時借錢炒股，妥當嗎？」扛得住壓力就妥當，如果扛不住壓力，你就算用現金炒股也不妥當，你只適合買定存。想要富貴，就一定要冒點險，這就是富貴險中求，不衝沒指望啊！更何況崩盤也稱不上什麼危險，你看本肥羊，現在可有絲毫的損失嗎？一切還不都是淨賺的利潤，差在賺多賺少而已。崩盤不過是一場噩夢，只要能撐到噩夢結束，你就賺錢了。祝大家都能夠在崩盤時，鼓起勇氣繼續買進股票，甚至是借錢炒股，順利的逆轉勝。

小羊篇》
拒絕冒險就是最大的冒險

　　應該有人注意到，在本書裡面，肥羊王從頭到尾都沒現身過。這是因為肥羊王掛了，小羊王才能嶄露鋒芒，有世代交替的意思。就我本人而言，當然是還活著，但我也深刻體會到，自己如果不放手，小孩一輩子不可能學會炒股，所以我會慢慢的退居幕後。

　　當別人都在討論自己要如何財務自由時，我已經做到了讓兒子財富自由，他的年收入是 132 萬元（2022 年）。這就是本肥羊和外面那群財經網紅格局上的不同，雲泥之別啊！兒子每天打電玩、追動漫、喝咖啡、畫很糟糕的畫（本書的插圖都是出自兒子之手）。孩子不成材沒關係，阿爸成材就夠了，只要不敗家，孩子要什麼，阿爸都可以

給你。肥羊得道，狗狗啃雞腿、老婆和小孩躺著賺，股市成就了翁家的富裕。

有人問我：「為啥都不搞股市訂閱課程來賺錢呢？」我自己炒股就會賺了，又何必叫粉絲捐錢呢？沒本事從股市賺錢的財經網紅，才會需要靠粉絲買訂閱課程來賺錢；有本事炒股賺錢的人，根本就不屑訂閱的錢。

不管是多頭時梭哈買進，還是崩盤時借錢炒股，本肥羊炒股勝算就是 99%，保留 1% 機率，以示謙虛。所有進出紀錄 24 小時內公布，隨便你免費學習，大大的功德啊！我 2024 年就 50 歲，還能求啥呢？不過就是希望這輩子多做點善事，下輩子能更加有錢而已。教人炒股，做善事免花錢，不好嗎？別叫我捐錢給慈善團體，你會被封鎖，我的錢就是我的錢，誰都別想拿走。

以後就是孩子的時代了，我會讓他去操盤股票，發表自己的看法，甚至於寫文章、寫書。做父母的就是得放手，讓孩子去學習，樣樣都父母自己來，孩子永遠無法成長。本篇取名為「小羊篇」，是因為這篇文章是由小羊來寫稿，我只負責校稿。兒子都已經 23 歲，是時候讓他離開父母

的手掌心，翱翔於股市天際了。

———————————————✦———————————————

　　老爸（指肥羊）喜歡打戰略型的電玩，而且要求關卡難度要愈難愈好。上次看他在打手遊《明日方舟》，哀嘆關卡難度有夠高，他身為等級 120 級的登峰玩家，竟然還過不了關，一打再打，8 個小時後才順利過關，而且是險勝，差點就掛了。叫他玩簡單點的遊戲，他又抱怨難度太低，沒有挑戰性，我（指小羊）個人認為，像老爸這種專業戰略遊戲玩家，其實就是重度的自虐狂。之後他在打《聖火降魔錄》11 章時，直接挑最難經典模式，不外掛 DLC，看到他殺完反派的 4 個小 boss 四狗之後，還繼續往上面衝。

　　兒子：「能夠殺掉四狗，真是了不起，你可以撤退了。」

　　肥羊：「王還活著，我必須殺了他。」

　　兒子：「王打不死的，你別做夢了。」

　　肥羊：「就算打不死王，我至少也要砍他幾刀洩恨。」

　　兒子：「既然要砍王，那你主角幹嘛還待在撤退點附近？一起去上面打王，可以增加傷害啊！」

　　肥羊：「我擔心被王一招秒，主角待在撤退點附近，方

便等一下逃跑。」

這就是我的老爸，看起來做事非常的魯莽硬幹，但其實非常小心謹慎，永遠留有最後一手、最後二手、最後三手，天知道他到底留幾手？就像 2022 年 9 月 30 日跟元大證券股票質押 1,000 萬元，許多人都批評老爸太過冒險躁進，萬一股價繼續崩下去怎麼辦？

但我知道老爸早就盤算好，萬一股價繼續崩下去該怎麼辦，就是用現金股利來繳貸款的利息。如果沒有現金股利，老爸也還在診所當醫師，工作的薪水絕對足以負擔每月 1 萬 6,700 元的利息。有這種魯莽亂搞的老爸，很令家人擔心；有這樣小心謹慎的老爸，又很令家人放心。老爸就是個讓人既擔心又放心的傢伙。

2023 年 2 月 21 日，兒子正在向肥羊回報當日股票收盤價。

兒子：「中信金（2891）22.8 元、富邦金（2881）60.2 元、國泰金（2882）43.85、元大金（2885）22.75 元，沒有任何新聞。」

肥羊：「玉山金（2884）呢？」

兒子：「玉山金不是我們的持股，為啥要回報呢？」

肥羊：「叫你做就做，說那麼多廢話做啥？我是哪一句話講得不夠清楚，才會讓你聽不懂？你爸是在問你話，不是在跟你討論，鸚鵡學會說人話，就以為自己可以隨便發表意見嗎？同樣的話，我不說第 2 次，別讓我違背《聖經》的教誨。」

兒子：「玉山金 24.75 元，下跌 1.25 元。奇怪，為啥會下跌這麼多呢？有啥問題呢？」

肥羊：「有啥問題，是你要告訴我，不是我要告訴你。」

兒子：「玉山金現金股利 0.2 元、股票股利 0.4 元，預計現金增資 160 億元。應該是現金股利配太少，引起股東不滿，大舉賣出，才會造成下跌。」

肥羊：「現金股利 0.2 元，實際上是多少錢？」

兒子：「玉山金的實收資本額為 1,427 億 5,000 萬元，以面額 10 元來看，就是 142 億 7,500 萬股。如果每股配發現金股利 0.2 元，那就是 28 億 5,500 萬元（＝ 0.2 元 ×142 億 7,500 萬股）。現金增資 160 億元，玉山金淨賺 131 億 4,500 萬元（＝ 160 億元－ 28 億 5,500 萬元）。這不就是傳說中的『印股票換鈔票』嗎？」

肥羊：「不至於啦！如果你領了玉山金 3 年的現金股利，

勉強還能領一點點現金股利回來，如果你只有領2年的現金股利，那點錢還不夠現金增資。玉山金為啥要現金增資呢？」

兒子：「新聞上是說，玉山金2022年並沒有任何重大損失，可能是要購併，所以才會需要現金增資。」

肥羊：「如果有個女人還沒懷孕，就跑來跟你討月子費，你能夠接受嗎？」

兒子：「不能，所以老爸你是說新聞亂寫嗎？」

肥羊：「新聞一向亂寫，這群記者如果行的話，自己去炒股票就好了，還需要浪費時間每天採訪新聞，每個月賺幾萬元嗎？搞財經新聞的記者，根本就不懂財經。」

這就是我的老爸，雖然外表看起來非常溫和，但性格其實非常嚴厲。認真說來，嚴厲才是他真正的性格，溫和只是外表的偽裝而已。總之，我爸是個盡量不生氣的人，但如果他生氣了，絕對不要跟他對抗，他會把你轟出去。不是和你對罵，而是真的把你轟出去。

以前我就看過，我爸把二伯直接轟出去，讓他站在外面的馬路上。二伯從此以後不准踏進我家裡半步，雙方至今沒有任何來往，徹底斷交。正確的說法應該是，我爸已經

有7年沒看過自己的兄弟姊妹了。你只要惹我爸不高興，就是這種下場，無論是我奶奶，還是我外婆。除非你像我外婆家一樣，按時送禮物打點，進貢天朝，否則得罪了，就是永遠得罪了，直到雙方老死，都不可能有任何往來。

老爸在指點我炒股上，非常注重細節，很多小事會一直追問下去。我以前說：「陽明（2609）是家爛公司。」他就問：「陽明為啥爛？說出陽明哪些地方很爛？陽明哪些地方又很好？陽明賺錢的是哪些航線？陽明的船隻有幾艘？總噸數是多少？」考據的非常詳細，根本無法招架啊！別以為你認錯，承認自己胡說八道，就可以沒事。如果道歉有用，就不會有人死在路邊了。你還是得告訴他問題的答案，真的不知道，就得自己上網查，甚至連陽明訂購了幾艘新船，都得慢慢解釋給他聽，非常的龜毛啊！

聽說老爸以前當住院醫師時，也是這樣被主任刁難，從此以後，就養成刁難人的壞習慣。在老爸面前，真的不要隨便亂講話，否則你會被狂電不止，特別是不能講那種毫無依據的話，否則下場真的很慘。

以前我看過臉書（Facebook）社團「股市肥羊」裡有團

員問：「特斯拉（Tesla）怎麼了？」直接被老爸永久封鎖。老爸認為這些人不讀肥羊寫的書，就沒資格加入社團；隨便亂問，就是觸犯佛法的妄言；連團規都不知道，就是白目。罪證明確，永久踢出社團，沒有任何爭議。團員有沒有犯錯，不是團員說了算，而是老爸說了算，慎言啊！

在股票技術的傳承上，很多人以為是老爸在教我炒股，這真是大錯特錯，其實是我要教老爸炒股，他只負責聽。我必須分析、解釋這檔股票的優缺點給老爸聽，他有疑問就會提出問題，我必須去找答案給他。通常老爸要的答案都滿刁鑽的，我只能一篇新聞、一篇新聞的找，等我真的找不到答案後，他才會稍微指點一下。

老爸不喜歡人家講專業術語或網路用語，我有一次說「優土伯」，他問我那是啥？禁止我以後講這種奇怪的言語，必須改講 Youtuber。如果說這世上真的有愛挑毛病的山羊族，那肯定就是我老爸，他挑毛病超專業的，他甚至還會點進酸民的臉書帳號，細細數落他的每一篇發文有無前後矛盾。

有些團員被踢掉的理由很莫名其妙，我會質疑老爸這樣

做會不會太誇張呢？他會點進這個團員的個人臉書帳號，指著團員私下發表的線型分析文章，問我：「踢掉他哪裡不對呢？」當老爸說這個人有問題時，他一定是掌握了確切的證據，如果沒有證據，他絕對不會拿出來講。

如果他真的想踢掉這個團員，但他又沒有任何證據，他會直接找這個團員談，告訴團員自己希望怎樣，如果團員沒有按照老爸的意思做，那就踢了，罪名是「抗命」。沒有罪名，就自己安插罪名，老爸這方面真的是很厲害。

如果有一天，老爸突然找你談論「肥羊個人的希望」，這時候請記住一件事情，肥羊的希望就是命令，你只能選擇照做，或者離開「股市肥羊」這個社團。

兒子：「2023 年 2 月 21 日，星宇航空（2646）的股價在 1 天之內從高點 50 元下跌到最低 31.35 元，最後收在 39.3 元。像這種短線投機股，股價突然崩跌，是不是主力在坑殺散戶呢？」

肥羊：「你講話太過情緒化，說話要客觀點。」

兒子：「老爸，你知道主力是怎樣靠星宇航空賺錢嗎？」

肥羊：「身為一個專業操盤手，你不該有任何情緒，無

論是高興或是悲傷，情緒會殺死一個操盤手。至於主力如
何賺錢，就靠宣傳，一直放送星宇航空的新聞，自然就能
夠賺到錢。」

兒子：「所以主力聯合記者，發布星宇航空的利多嗎？」

肥羊：「不一定要利多才能炒股，利空也可以抄底股票
啊！只要每天都是星宇航空的新聞，自然會有許多散戶跑
去炒星宇航空，很多時候負面消息反而比正面消息更加吸
睛。只要有龐大的交易量，就會出現好的成交價，無論這
個成交價是上漲或是下跌，重點是要讓所有人都在討論星
宇航空，氣勢要帶出來。」

兒子：「所以主力在最高點放利空新聞，賣光所有股票；
最低點放利多新聞，回補所有股票，利用這種高低價差來
賺錢。」

肥羊：「我有疑惑，你怎麼確定主力賣光所有的股票呢？」

兒子：「對了，不能這樣做，會被金管會抓去喝咖啡。
所以要在高點慢慢賣股票，在低點慢慢買股票，不能一次
買賣，這樣操作太明顯，會被抓的。」

肥羊：「我有疑惑，你真的認為主力是因為怕被金管會抓，
才慢慢買賣股票嗎？」

兒子：「難道不是嗎？買在最低點，賣在最高點，這樣
才能獲取最大的利潤。」

肥羊：「請問主力要如何得知何時是最高點，何時是最低點？」

兒子：「放利多新聞就是最高點，放利空新聞就是最低點。」

肥羊：「請問星宇航空的新聞，你啥時看到的？」

兒子：「剛剛。」

肥羊：「現在是晚上 10 點，白天的利空新聞，你晚上才看到，延遲了十幾個小時。假設你明天跑去抄底星宇航空，就是延遲超過 24 小時。」

兒子：「也就是說新聞的發布，並不會立即影響到股價，有時間延遲性。可能要到明天、後天，甚至 1 週後，才會影響到股價。」

肥羊：「而且新聞能夠影響到多少人？如果主力帶衰，去遇到肥羊族這種一身反骨的人，可能還會故意去硬幹主力。新聞發酵時間、新聞影響人數、是否有人故意和主力對作……等，如此眾多的不確定性，主力要如何去知道星宇航空的最高點和最低點呢？」

兒子：「也就是說，主力永遠不可能知道星宇航空的最高點和最低點，他是用猜的。因為是用猜的，準確度就不可能是 100%，所以他必須慢慢地買賣股票，這樣才能確保自己都是買在相對低點，賣在相對高點。」

肥羊：「只要賣點比買點高，主力就能夠賺到錢，根本沒必要去冒險猜測最高點和最低點。」

兒子：「總覺得這個操作手法好熟悉啊！好像在哪裡看過，等等，這不就是肥羊流派的波浪理論嗎？」

肥羊：「你現在才注意到嗎？」

兒子：「所以肥羊流派不是長期投資派，也不是短線投機派，而是主力操作派。」

肥羊：「正解，雖然有經過些許改良，但肥羊流派的炒股手法，原本就是來自主力的炒股手法。」

兒子：「難怪老爸你一直說，自己在炒股，不是存股，因為這本來就是炒股手法啊！不過主力這麼壞，你還學習主力，老爸你不就跟主力一樣壞嗎？」

肥羊：「再次聲明，你身為專業操盤手，不應該有任何情緒。」

兒子：「對不起，是我的錯，老爸你跟隨這麼會賺的主力，真是太聰明了。不過主力這種炒股的手法，對公司沒有任何助益，經營公司還是要像董事長一樣，無論星宇航空股價漲多高，他連1張都不賣。」

肥羊：「兒子啊！你還年輕，檯面下的交易，你又懂多少呢？說話不要這麼肯定，永遠不要一開口就暴露出自己的無知，不懂就少講，這樣才不會犯錯。」

兒子：「無知又怎樣，有差嗎？」

肥羊：「你的父母會質疑你，你的妻子（丈夫）會質疑你，你的小孩會質疑你，你的朋友會質疑你，你的同事會質疑你，當所有人都質疑你的時候，你也會質疑你自己。」

兒子：「肥羊流派本來就會受人質疑，有差嗎？」

肥羊：「當然有差，我是教你不用理睬別人的質疑，而不是故意讓所有人都質疑你，不怕事，但也不應該惹事。」

如果說處女座是完美的化身，老爸就是完美中的完美，我們「股市肥羊」社團在管控上極為嚴謹。我去過一些股票社團，裡面一堆詐騙集團，每天努力留言騙錢，管理者可以說是完全無能為力。但你在「股市肥羊」社團，絕對看不到這個情況，老爸管理的極為嚴謹。

你知道加入「股市肥羊」社團，還得核對口令「山羊愛挑毛病」嗎？肥羊獨創啊！如果有團員發表可能會造成糾紛的言論，比如說「等富邦金股價跌到 50 元，我要買 100 張」，老爸會踢了他。老爸認為，唱衰股價下跌，很容易造成團員糾紛，這樣有違社團的最高宗旨「和諧」。如果他跟你熟一點，會先警告你一次，然後再踢掉。不過所有熟識老爸的人都知道，他非常的難以相處，這是他沒搞外

遇的原因，找不到能夠容忍他的女人，真的是太會挑毛病了。應該只有狗狗，能夠滿足老爸的挑剔。

動漫《Lycoris Recoil 莉可麗絲》講過，在犯罪發生以前先剷除掉，就能確保不會發生任何犯罪。「絕對和平主義」是老爸的信條，為達成和平，不擇任何手段，不惜任何犧牲。所以你說老爸會跟任何人吵架嗎？不會啊！他會直接做掉你。

有次我和老媽吵架，老爸說：「吵架不可能改變任何事情，你們兩個都給我滾去公園乞討，這樣才能改變事情。」多麼簡潔有力的回答啊！不要以為我爸是隨口說說的，他當時真的打算把我們兩個都趕去公園乞討。任何事情，只要老爸說出口，他就是一定會做，做不到的事情，他從不說。溫和的外表下，隱藏著絕對殘忍的心靈。

老爸很討厭人家在那邊吵，這可能和他從小住在貧民窟，每天聽父母吵架有關。只要你在他耳邊吵，他就一定會採取行動，可能是幫你解決問題，也有可能解決掉你。當初奶奶就是因為太吵，被我爸送去安養院的，既然送去了，就沒打算再接回家，老爸決定的事情，從不改變，你說啥

都沒用。但很詭異的，小黃 7 代在那邊吠半天，他卻絲毫不介意，看來老爸對待人和對待狗，採用的是兩套不同的標準，人不如狗啊！

從我 7 歲時，老爸就教我炒股，帶我去元大證券和一個叔叔聊天，那個人還會給我巧克力。但後來我去元大證券，就沒再看過那位和善的叔叔，聽說是炒股賠錢，被迫退出股市了。

老爸還會教我歷史，用很詭異的方式教，他特別喜歡講些後宮亂倫、父子殘殺的故事，有人會這樣教育小孩的嗎？老爸沒有教小孩讀書的天分，事實上，他教得很爛。

排名全校第 2 的人無法理解，自己的小孩成績為何會是全班倒數？一目十行的人無法理解，正常人看書速度為何如此緩慢？能夠心算出微積分答案的人，也不可能知道，正常人為何用筆算，還會算錯加減乘除？任何善於讀書的天才，都不過是教育小孩的笨蛋，太過聰明的人，根本不適合當老師。

老爸是個失敗的教育家，他知道我嫌棄他的教法後，就

說他以後再也不教我讀書了。後來我請他教我數學，他竟然直接拒絕。當我私立高職畢業後，他也禁止我參加大學學測。做事真的非常乾脆，連絲毫的猶豫都沒有。

老爸在教育股票上，吸收了先前教我讀書的失敗經驗，不再要求我要一口氣學會那些財經知識，而是改成一點一滴的緩慢教育。他常說：「Case by case, one by one.（一個案例接著一個案例，慢慢的來討論，不用急。）」這是他學長的口頭禪，但後來他的學長卻飆車撞電線桿死了。看來他的學長也只是說得一口好道理而已，自己卻完全做不到。

老爸以前當急診醫師時，性子比較急，辭職後改合作開診所，個性就溫和很多了。看來賣肝賺錢並不是一個好選擇；年薪 300 萬元，也不過是在扭曲你的性格而已。如果老爸繼續幹急診醫師下去，他今天應該就住在精神病院了，賺錢有數，生命要顧，血汗急診醫師，沒價值。

我現年 23 歲，是個財富自由的操盤手，因為我有個好老爸，他提供我資金和技術。老爸現在都讓我去元大證券操盤，他只負責在晚上指點一下第 2 天的注意事項，營業員

都快忘記他長什麼樣子。

　我每天可以悠閒地去咖啡廳畫畫，聽聽咖啡店顧客的炒股賠錢故事。有時我會試著去教育他們，把錢全部拿去買中信金和富邦金，躺著就可以賺錢了。他們總是質疑我，不相信我，還自誇炒股 4 年了，輪不到一個小孩子來教。其實我炒股經驗 16 年，2022 年的股票買賣金額 4,000 萬元，營業員看到我，都得鞠躬致意，當他的股票老師綽綽有餘。但不相信就算了，反正炒股賠錢是他家的事，看他啥時才會賠到回心轉意，過來求我教他。

　兒子：「為什麼別人都不相信我會炒股呢？」
　肥羊：「因為你太年輕了，人家會質疑你。」
　兒子：「可是有很多財經網紅也很年輕啊！」
　肥羊：「那些財經網紅再年輕，也沒有比你年輕。人是不可能相信比自己年輕，學歷又低的靠爸族。總要看起來有點專業，又是名校出身，才能夠吸引粉絲。」
　兒子：「那群年輕的網紅，又是靠誰來相信呢？」
　肥羊：「年輕人啊！年輕的財經網紅，比那群年輕人年長，彼此又處於同一個世代，只要會講一口虎爛話，很容易互相吸引。至於年輕財經網紅的炒股功力呢？比你還不

如啊！」

兒子：「所以只要我 27 歲，就能夠吸引到 26 歲以下的炒股族群嗎？」

肥羊：「前提是你夠會畫虎爛，否則還是沒辦法。」

兒子：「為什麼人們不願意相信，只要使用簡單的炒股方法，就能夠輕鬆賺到錢呢？」

肥羊：「因為人們不願意承認自己是個笨蛋啊！想想看，如果你炒股賠錢，12 歲的小孩卻炒股賺錢，你能夠接受嗎？不可能接受啊！只能誣賴這個小孩是運氣好。他們必須追求更高深，更複雜的炒股理論，才能掩飾自己是傻呆的事實。誰願意承認自己笨到連 12 歲小孩都不如呢？你奶奶終其一生也從沒承認過，鴻源投資是我對，而她錯，拉不下那個臉啊！」

兒子：「爸爸你已經 49 歲，又是名校出身，照說聲望應該很夠，為何外婆家也沒有人願意跟隨你炒股呢？」

肥羊：「因為我不想帶他們炒股啊！你外公先前就說要給我 500 萬元幫他炒股，誰理他啊！想炒股自己炒，別扯到我頭上來。」

老爸就是這樣，誰都不理睬，連電視也不太想上，完全活在自己的幻想生活裡。或許就是如此的自閉，老爸才能

夠炒股賺到錢。

有人問：「老爸如此專制，我會感到不高興嗎？」問這問題的人，真是傻了。「肥羊變法」的最大受益者是誰呢？就是我。如果沒有當初激烈改革的肥羊變法，我現在還得被操到過勞死，領著 2 萬 5,000 元的月薪。

是誰讓我財富自由呢？是誰讓我每天專心畫畫呢？是誰讓我躺著就能賺到錢呢？事實的真相，永遠只有一個，老爸是為了我好，才會如此溫柔的專制。如果老爸民主，任憑我媽和奶奶花錢，那就是對我殘忍的民主。

永遠不要問誰做的對不對，而是要問他的做法是否能夠為你帶來最大的利益。我永遠支持任何對我溫柔的人，至於這個人殘不殘忍，我完全不在乎。

兒子：「爸爸你這麼會賺錢，腦袋又這麼好，20 年後我們的家產一定可以破億元，到時候，你就財務自由了。」

肥羊：「我是永遠不可能財務自由的。」

兒子：「為什麼？我才 23 歲，都已經財務自由，爸爸你當然也沒問題。」

肥羊：「因為你有個會賺錢的老爸，但我沒有啊！對了，你知道銀行倒閉會怎樣嗎？」

兒子：「股票變成壁紙，一堆人賠錢啊！」

肥羊：「誰會在乎賠錢這種小事。銀行倒閉會引起大暴動，甚至革命，創立新政府，把舊的政治人物全部抓去關。」

兒子：「所以美國矽谷銀行（Silicon Valley Bank）倒閉，財政部長葉倫（Janet Yellen）才會宣布，政府保障所有存款。美國政府害怕引起全國大暴動，威脅到總統拜登（Joe Biden）的統治政權，或者應該說是威脅到民主黨和共和黨聯手壟斷的統治政權。」

肥羊：「不過，這也意味著，美國聯準會（Fed）無限升息的時代結束囉！繼續升息下去，就是更多銀行破產，美國沒這個膽識啦！」

兒子：「為老爸又一次成功度過崩盤喝采吧！這是老爸經歷的第3次崩盤了。」

肥羊：「是為『我們』又一次成功度過崩盤喝采。『我們』，意指你和我兩個人。」

兒子：「可是我什麼都沒有做。」

肥羊：「你在借款1,000萬元的文件上簽名，這樣就夠了，過度的謙虛，只是顯得虛偽而已。對了，明天你要去元大證券，印章、身分證、健保卡和存摺給我準備好，到時營

業員會拿文件給你簽名。」

兒子：「要做啥？」

肥羊：「凡事照我的指示做就好，問那麼多做啥？小黃7代之所以得人疼，就是因為牠從不說話。」

這就是我爸，凡事說得少，做得多。為啥說得少呢？因為他覺得我聽不懂，所以他懶得解釋。既然這個世界上，沒有人能夠跟上老爸的思緒，那就別講，反正炒股是一種行為，不是一種理論。

我以前聽爸爸的大學同學說，有一次老爸上體育課時，插隊打排球，老師要他照順序排好隊。老爸說：「你這種智商，我沒辦法跟你解釋啦！」雖然人家只是肌肉肥大的體育老師，但老爸這種回答方式真的是絕了。指望這種眼高於頂的人仔細解釋自己的想法，應該會比反攻中國還要困難。

兒子：「老爸，其實你並不知道，為何矽谷銀行倒閉會導致股票大漲或是崩盤？」

肥羊：「完全不知道，但我知道股票大漲該怎麼做，也知道股票崩盤該怎麼做。」

兒子：「完全無知，卻能夠正確的操作股票，就如同閉上雙眼，反而能順利走出迷宮。」

肥羊：「光靠聰明是無法學會炒股的，否則台大醫學系每個人都是股神了，還需要當醫師嗎？總是要在半聰明、半愚蠢的狀態下，才能順利炒股賺到錢。」

兒子：「所以老爸是在完全無知的狀態下，摸到 2022 年 12 月 1 日是股市的高點，然後賣掉 1,000 萬元的股票還債嗎？」

肥羊：「我說了，沒必要去知道股市的高低點，只需要知道，『漲了該賣，跌了該買，崩盤的時候該借錢炒股。』股市人生，就是如此簡單。」

最後談談，一般人對老爸的誤解，許多人都以為老爸是個深思熟慮的人，其實根本不是這樣，他是典型的「人來瘋」。我在 2023 年 3 月 15 日晚上，和老爸討論明天要帶證件，拿 4 萬多元去元大證券買 2 張中信金。結果第 2 天早上，我去元大證券時，竟然變成我跟元大證券借 1,200 萬元。

說好買 4 萬元的中信金，最後變成買 1,200 萬元的金控股，老爸做事完全看他心情啊！但我知道老爸一直有借錢

炒股的打算，畢竟前一波借錢，賺了 171 萬 4,000 元，就算這波只賺 85 萬 7,000 元，也一樣是暴利啊！他只是在克制自己的欲望，不表現出來，就這樣每天克制自己，突然在 2023 年 3 月 16 日做了，別人會覺得很震驚，但其實他在心裡都已經規畫上千次，只是不說而已。

如果把股票操盤手，分為「武力高的猛將」和「智力高的軍師」，老爸其實是猛將，不是軍師。老爸做事也不謹慎，謹慎的人不可能會叫你跳入鱷魚河，這根本是自殺的行為。不要因為一個人看起來文質彬彬，態度溫和，出身名校，就以為他是個書生，其實老爸本質上，只是個貧民窟出身的不良中年而已。

兒子：「老爸，你是不是今年過年後，就想再借一次錢炒股？畢竟你上次借 1,000 萬元炒股，賺了 171 萬 4,000 元，嘗到甜頭了。」

肥羊：「記得昨天你離開證券公司時，我說啥嗎？」

兒子：「你說元大真有效率，才剛談判借 1,200 萬元，2 個小時內，就可以下單買股票了。就是利息變成 2.2%，比上次貴 0.2 個百分點，不太爽而已。」

肥羊：「不是，再前面一點。」

兒子：「你抱怨元大證券禁止你在 6 個月內還錢，害你這次借錢炒股，變成長期投資了。」

肥羊：「不是，我如果被車輾過去的話，你要怎麼樣？」

兒子：「你叫我要先去找營業員談之後還債的問題，而不是先辦喪事。」

肥羊：「為啥我要提『被車輾過』這件事情呢？」

兒子：「只要機率不是零，事情就是一定會發生，所以你必須提到被車輾過時，後事該如何處理。就像炒股的時候，你總是漲跌通壓，這樣就能保證自己的預測絕對正確。」

肥羊：「那如果中國打過來呢？」

兒子：「反正你也沒能力改變啥，裝瞎，當作沒看到吧！」

肥羊：「那我啥時想再借錢炒股呢？」

兒子：「2022 年 12 月 1 日，你賣掉股票質押 1,000 萬元所買來的股票那天，你就想再借錢炒股，你只是沒說出口而已。」

肥羊：「為啥沒說出口呢？」

兒子：「天才的思緒，豈是常人所能理解。與其浪費時間對牛彈琴，不如把時間拿去打《明日方舟》的危機合約。」

肥羊：「你出師了。」

兒子：「老爸，你為何在 2023 年 3 月 16 日又再次借錢

炒股呢？」

肥羊：「瑞士信貸破產了，矽谷銀行也破產了，美國聯準會還能繼續升息嗎？不可能的！既然這次的股市崩盤，是由聯準會胡亂升息所造成，只要聯準會停止升息，一切的問題都會解決。」

兒子：「既然如此，我們應該等 2023 年 3 月底聯準會公布答案，再借錢炒股啊！」

肥羊：「到時借錢炒股，就沒利潤了。」

兒子：「所以你才會選擇現在聯準會還沒公布答案的時候，借錢炒股。」

肥羊：「聯準會是集體會議，多數人的想法和決定，其實很容易猜出來。有錢人或許不敢在這個時間點進場買股票，但我是貧民窟出身，窮人無所畏懼，富貴險中求！」

兒子：「老爸，你現在並不窮啊！」

肥羊：「『一日窮人，終身窮人』，我這輩子都不可能有錢的，至少心態上是如此。」

這就是我老爸，每次只要出現重大危機時，他就很興奮。愈處於逆境，戰鬥力愈強，標準的逆勢思考。大概只有貧民窟出身的人，會有這種一身反骨的詭異思想。這也解釋了，為何老爸炒股能夠賺到錢，但其他台大醫學系的人炒

股會賠錢，因為台大醫學系的人缺少了貧民窟的經歷，致命傷啊！

老爸的目標就是發動革命，征服全世界。都幾歲的人了，思想還這麼幼稚。完全無視他人的眼光，自顧自的爽，或許這才是成功者該有的典範。

2023 年 3 月 22 日（台灣時間 2023 年 3 月 23 日）美國聯準會公布答案之後。

兒子：「聯準會最後升息 1 碼，道瓊工業平均指數（DJI）下跌 530.49 點。」

肥羊：「那又怎麼樣？我的損失呢？」

兒子：「完全沒有。2023 年 3 月 23 日的台灣股市幾乎沒受到任何影響，甚至還上漲。」

肥羊：「出現重大的利空，股市卻沒有下跌，你知道這叫什麼嗎？」

兒子：「重大的利多。」

肥羊：「瘋狂升息的寒冷冬天已經結束，溫暖的虎尾春天即將來臨，是時候前往股市大獵場，追逐名為『金錢』的野鹿。」

兒子：「許多長期投資派盟友，原本交情還不錯，現在卻指責我們鼓吹借錢炒股，是讓粉絲去冒險，來成就肥羊個人的名聲。如果之後股市大跌賠錢，害粉絲的股票質押斷頭，肥羊要負責嗎？」

肥羊：「窮人不冒險，就只能一輩子當窮人，有錢人才有資格不冒險，窮人必須冒險，他們別無選擇。拒絕冒險，就是最大的冒險。」

兒子：「該怎麼處理這些長期投資派的盟友呢？」

肥羊：「全部永久封鎖，我話都已經說得那麼清楚，還故意跟我唱反調，這擺明就是在挑釁肥羊王的權威，一個都不能留。」

國家圖書館出版品預行編目資料

勇敢抄底！別人恐懼我貪婪：肥羊的槓桿養股術／翁建原
著. -- 一版. -- 臺北市：Smart智富文化，城邦文化事業股
份有限公司，2023.06
　面；　公分
ISBN 978-626-96933-8-2（平裝）

1.CST：股票投資 2.CST：投資技術 3.CST：投資分析

563.53　　　　　　　　　　　　　　　　112006690

Smart 智富

勇敢抄底！別人恐懼我貪婪
肥羊的槓桿養股術

作者　　翁建原
企畫　　周明欣

商周集團
執行長　郭奕伶
總經理　朱紀中

Smart 智富
社長　　林正峰
總編輯　劉　萍
總監　　楊巧鈴
編輯　　邱慧真、施茵曼、林禺盈、陳婕妤、陳婉庭、蔣明倫、劉鈺雯
資深主任設計　張麗珍
封面設計　廖洲文
版面構成　林美玲、廖彥嘉

出版　　Smart 智富
地址　　104 台北市中山區民生東路二段 141 號 4 樓
網站　　smart.businessweekly.com.tw
客戶服務專線　（02）2510-8888
客戶服務傳真　（02）2503-5868
發行　　英屬蓋曼群島商家庭傳媒股份有限公司城邦分公司

製版印刷　科樂印刷事業股份有限公司
初版一刷　2023 年 6 月
ISBN　978-626-96933-8-2